Cultural Memory
in
the
Present

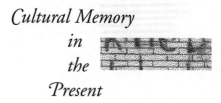

Mieke Bal and Hent de Vries, Editors

SOUNDPROOF ROOM

Malraux's Anti-Aesthetics

Jean-François Lyotard

Translated by Robert Harvey

STANFORD UNIVERSITY PRESS

STANFORD, CALIFORNIA

2001

Stanford University Press
Stanford, California

© 2001 by the Board of Trustees of the
Leland Stanford Junior University

Assistance for the translation was provided by the
French Ministry of Culture.

Soundproof Room: Malraux's Anti-Aesthetics
was originally published in French in 1998 under the title
Chambre sourde: L'Antiesthétique de Malraux,
© 1993, Éditions Galilée.

Library of Congress Cataloging-in-Publication Data

Lyotard, Jean François.
    [Chambre sourde. English]
    Soundproof room : Malraux's anti-aesthetics / Jean François Lyotard ;
translated by Robert Harvey.
        p. cm. — (Cultural memory in the present)
    Includes bibliographical references.
    ISBN 0-8047-3749-5 (cloth : alk. paper) — ISBN 0-8047-3750-9
(pbk. : alk. paper)
    1. Malraux, André, 1901–1976—Criticism and interpretation.
    I. Title. II. Series.
    PQ2625.A716 Z6965813   2001
    843'.912—dc21   00-050484

Original Printing 2001
Last figure below indicates year of this printing:
10   09   08   07   06   05   04   03   02   01

Typeset by James P. Brommer in 11/13.5 Garamond

With thanks to Emory University,
Steven E. Sanderson,
and Dalia Judovitz

Contents

Abbreviations   xi

To End, To Begin 2	Finir, commencer 3
Rotting Pit 8	Pourrissoir 9
Dread 16	Épouvante 17
Lost Voice 24	Voix perdue 25
Moribund Ego 34	Moi moribond 35
I, the Fact 44	Je, le fait 45
Scene 52	Scène 53
War 66	Guerre 67
Stridency 76	Stridence 77
Throat 82	Gorge 83
Communion 92	Communion 93

Translator's Notes   107
Cited Works by André Malraux   113

Abbreviations

AM	*Anti-Memoirs*
DA	*Le Démon de l'absolu*
DW	*Days of Wrath*
JE	"D'une jeunesse européenne"
Laz.	*Lazarus*
MF	*Man's Fate*
MH	*Man's Hope*
OC	*Œuvres complètes*
RW	*The Royal Way*
S	*Le Surnaturel*
TN	*Le Triangle noir*
TW	*The Temptation of the West*
VS	*The Voices of Silence*
WTA	*The Walnut Trees of Altenburg*

See Cited Works by André Malraux for full bibliographic citations. Some translations have been modified from their previously published form.

SOUNDPROOF ROOM

To End, To Begin

There is no end without beginning. How could the end be known as end if it weren't recounted by someone? The narrative of the end of a certain time is told in a new time which retains that end—an end by which it presents itself as beginning. The relationship of our thought to succession prohibits it from immobilizing its movement on an instant without future. Although the end is naively presented as a deadline, thought immediately clears that limit in order to ensure that a *beyond* breaking with the *before* is already present. The "end" of a state of reality belatedly[1] indexes this mutation.

Thought itself gets swept away in succession, yet it retains the ability, at every moment, to represent to itself that which is no longer or not yet present. As the hand of the clock approaches the end of the century, thought continues and shall continue to remember and to imagine. Surely the millennial shift will not put an end to this ability to render present both past and future.

The relationship between the power to make duration modal and the mechanical succession of time units on a clock is analogous to the relationship between the narrative voice and the narrated story. It is a disjunctive relationship: the two be-

Finir, commencer

Il n'y a pas de fin sans commencement. Comment saurait-on que la fin était une fin si on ne le racontait pas? Le récit de la fin d'un temps se raconte dans un nouveau temps qui conserve cette fin et, par là même, se présente comme un début. Le rapport de notre pensée à la succession lui interdit d'immobiliser son mouvement sur un instant sans suite. La fin se présente naïvement comme une limite, mais la pensée franchit aussitôt le terme pour s'assurer qu'en effet un au-delà est déjà là qui rompt avec l'en deçà. La «fin» d'un état de la réalité indexe après coup cette mutation.

La pensée elle-même est emportée dans la succession, mais elle jouit de la faculté de se représenter à tout instant ce qui n'est plus là et ce qui n'est pas encore là. L'aiguille de l'horloge approche de la fin du siècle; la pensée continue et continuera à se souvenir et à imaginer. Le changement de millénaire ne mettra sûrement pas fin à cette capacité de se rendre présents le passé et le futur.

Le rapport entre le pouvoir de modaliser la durée et la succession mécanique des unités de temps sur l'horloge est analogue à celui de la voix narrative avec l'histoire narrée. Ce rapport est de disjonction: l'une et l'autre n'appartiennent pas à la

long to different temporalities. Yet this disjunction is inclusive because in order to become a story, diegesis needs the voice. Otherwise it is forgotten. Inclusive also because the story told by a narrative voice never fails to consider the instance of this voice and its narrative among episodes of history and count it in time with the universal clock: it was then, on such or such date, at such or such time that the storyteller arose and began; or else the event became the subject of an account some years later. This inclusion nevertheless preserves the heterogeneity of the two levels—the one on which things take place and the one on which they are recounted.

The modern upsets the principle of this gap. Its intent is to overcome the division of time. *Modo*, barely now, where I begin, where we begin to recount, where the story begins to be counted. That which precedes did not occur; we owe nothing to the former. In taking a leap into the mundane course of events, the voice decides that these events actually begin with that very leap. The voice marks the zero hour beginning with which succession will henceforth be counted and the story recounted. From this willful act, an unexpected effect: the story resists. The narrative voice finds itself subject to clock time, which apparently makes it sacrifice its representative (transtemporal) privilege to the evanescence of a crude succession in which each moment that sweeps away the previous one will be swept away by the next. The voice exposes itself to the risk of precariousness, accepting the obligation of losing itself and beginning anew. But it also breathes its narrative strength into the course of ordinary time; it transmutes the blind cycle of hours, seasons, and generations into its own odyssey. An eschatology begins: the voice fallen into the story and subjected to its test will, in the end, reveal its truth. The term *end* thus takes on the meaning of a work's completion, its culmination. Something else will begin once and for all: another *reign* at the end of which the time of history and the suffering resulting from deadlines will be abolished.

The modern decision invents a temporality unknown to

même temporalité. Mais cette disjonction est inclusive puisque la diégèse a besoin de la voix pour être constituée en histoire, faute de quoi elle est oubliée, et puisque l'histoire, celle qui est racontée par une voix narrative, ne manquera pas de compter l'instance de cette voix et son récit au nombre des épisodes historiques et à l'heure de l'horloge universelle: c'est alors, à telle date, à telle heure, que le conteur se leva et commença; ou: l'événement fit l'objet d'une relation quelques années plus tard. Cependant cette inclusion conserve intacte l'hétérogénéité des deux plans, celui où les choses ont lieu, celui où elles sont racontées.

Le moderne dérègle le principe de cet écart. Il entend surmonter la division du temps. *Modo*, tout juste maintenant, où je commence, où nous commençons, à raconter, l'histoire commence à se compter. L'antérieur n'a pas eu lieu, nous ne devons rien à l'ancien. La voix saute dans le quelconque cours des événements et décide que ceux-ci commencent en vérité avec ce saut. Elle marque l'instant zéro à partir duquel la succession sera désormais comptée et l'histoire racontée. Ce coup de volonté a un effet inattendu, l'histoire résiste: d'abord, la voix narrative se trouve soumise au temps de l'horloge, sacrifiant ainsi, semble-t-il, son privilège représentatif (trans-temporel) à l'évanescence de la succession brute, où chaque moment chasse le précédent et sera chassé par le suivant. La voix s'expose au risque du précaire, elle accepte d'avoir à se perdre et à recommencer. Mais aussi, elle insuffle sa puissance narrative dans le cours du temps ordinaire, elle transmue le cycle aveugle des heures, des saisons et des générations en sa propre odyssée. Une eschatologie commence: la voix chue dans l'histoire et qui en subit l'épreuve révélera sa vérité à la fin. Le mot de fin revêt alors le sens d'un accomplissement, l'achèvement d'un travail. Autre chose commencera pour de bon, un autre *règne* au bout duquel le temps de l'histoire et la souffrance des délais seront abolis.

La décision moderne invente une temporalité inconnue de l'antiquité. La voix s'incarne, et elle promet l'accomplissement final par la rédemption du mal de durer. Tel est le mystère

antiquity. The voice is incarnated and promises ultimate fulfillment through redemption from the pain of enduring. Such is the Christic mystery elaborated by Saul of Tarsus and Augustine and propagated by the West across two millennia of Western thought and practice. The diverse modernities that follow this initial move repeat the incredible gesture: Here is my body, says the voice, here and now. My Ego, says Descartes: thought, in actuality, appropriating nature. "To possess truth in one soul and one body," echoes Rimbaud.² In the American and French Declarations, the same ostentation: Here we are, free peoples. And in the Bolshevik Revolution: Power to the Workers' Councils (Soviets), right away and here.

christique élaboré par Paul de Tarse et Augustin et propagé sur deux millénaires de pensée et de pratique en Occident et par l'Occident. Les diverses modernités qui viennent après ce premier coup répetènt le geste incroyable: voici mon corps, dit la voix, ici et maintenant. Mon Ego, dit Descartes, pensée en acte, qui s'approprie la nature. «Posséder la vérité dans une âme et dans un corps», redit Rimbaud. Même ostension dans les Déclarations américaine et française: nous voici, peuples libres; et dans la révolution bolchevique: le pouvoir aux Conseils de travailleurs (soviets), tout de suite et ici.

Rotting Pit

The voice announcing its birth to history—the birth of history—and promising it its end calls for renewed patience, further sacrifices: agony, passion, endless toil, waiting. Will it not be in vain this time around? The real presence of the word in Christian, Jacobin, Bolshevik flesh, however, eventually becomes symbol, allegory, message. The initiatory leap lives on as legendary promise. The fulfillment of the beginning is postponed sine die. Listening does not suffice: one must believe. Apparatuses and institutions are established in order to safeguard faith in a commencement that the voice *was* or that it was supposed to be. The delay is interpreted. Interpretations are discussed. Hermeneutics works wonders. But interpreters are also under suspicion: responsibility for deferral may be imputed to them. De facto domination allows the authority to be claimed to speak in the name of an initial voice—one that is now, obviously, extinguished, in absentia. Stalin embalms Lenin and has Trotsky murdered. Wars of religion or party strife resume and, along with them, the chaotic, desperately cyclic, revanchist course of history.

Pardoned at the epiphanic moment, history's body stirs —voiceless—racked by the insignificance of its course, by inane

Pourrissoir

La voix qui annonce sa naissance à l'histoire, la naissance de l'histoire, et lui promet sa fin, invite à une nouvelle patience, à d'autres sacrifices: tourment, passion, travail encore, attente. Cette fois-ci, ce ne sera pas en vain? Cependant la présence réelle du verbe dans la chair chrétienne, jacobine, bolchevique, après un temps devient symbole, allégorie, message. Le saut initiatique se survit en promesse légendaire. L'accomplissement du début est remis *sine die*. Écouter ne suffit pas, il faut croire. Appareils, institutions s'établissent, pour sauvegarder la foi en un commencement que la voix *était*, était supposée être. On interprète le retard. On discute les interprétations. L'herméneutique fait merveille. Mais aussi on suspecte les interprètes. On peut leur imputer la responsabilité du différé. A la faveur d'une domination de fait, on s'arroge l'autorité de parler au nom d'une voix initiale évidemment éteinte, *in absentia*. Staline embaume Lénine et fait tuer Trotsky. La guerre des religions ou des partis reprend et avec elle, le cours chaotique, désespérément cyclique, revanchard, de l'histoire.

Le corps de l'histoire, un instant gracié lors de l'épiphanie, s'agite aphone, en proie à l'insignifiance de son cours, à l'imbécillité indifférente des disparitions et des générations, à

indifference to disappearances and generations, by the eternal return of noon and midnight. The West is condemned to this obscenity of repeating the gesture of the beginning. The proliferation of the modern can prevent neither the new from aging (quite the opposite is the case) nor the inaudible voice that had once awakened from being extinguished. Too late for beginning: *that* just inspires doleful laughter. Promises?—Guff.

By historical computation, it has been a century since Nietzsche's antivoice delivered modernity's funeral oration. A half century since Valéry's diagnostic, under the heading of "the crisis of the spirit," that the civilization of promise and progress—our civilization—is as perishable as the others were.[3] A century as well since Spengler, in *The Decline of the West*, put the modern gesture of beginning back in its place: henceforth obsolete, that gesture is merely an instant in the indifferent cycle to which human cultures, just like the species and other living organisms, are subjected.[4]

Over two millennia, from Jesus to Lenin or Mao, the modern decision—whether incarnation or real presence—has been repeated so many times that the initiatory instant has fallen into the ordinary of bygone days. Dead thus is God, the god-man or man-god who lived within life, the voice that once declared history to be accomplished, the ego or the "we" whose will was once done.

In announcing that the time of great mourning has come, Nietzsche adds: "Gods, too, decompose."[5] At the precise instant that the stench spreads, nihilism ceases to be a skeptical or disabused turn of mind to become the experience of a soul and a body exposed obstinately to abjection. To this kind of phobia that lucidly trains itself at the putrid, Céline, Bataille, Artaud, and Camus pay tribute with a writing at the limit of writing. To append Malraux's œuvre to this group is what I intend to do here. Despite some compositional shortcomings, a tendency toward the epic, a public speaker's eloquence—all of which caused it to be underrated—his work plunged no less than the others into ontological nausea, was

l'éternel retour du midi et du minuit. L'Occident est condamné à cette obscénité, de répéter le geste du commencement. La prolifération du moderne ne peut pas faire, au contraire, que le nouveau ne devienne vieux, qu'inaudible ne s'étouffe la voix qui éveilla. Trop tard pour commencer, cela fait rire tristement. Boniments, les promesses.

Un siècle, au comput de l'histoire, que l'anti-voix de Nietzsche a prononcé l'oraison funèbre de la modernité. Un demi-siècle que Valéry, au titre de la «crise de l'esprit», a diagnostiqué que la civilisation de la promesse et du progrès, la nôtre, est périssable autant que les autres le furent. Et que Spengler, dans *Le Déclin de l'Occident*, a remis à sa place, désormais obsolète, le geste moderne du commencement: un instant dans le cycle indifférent auquel les cultures humaines sont soumises, à l'instar des organismes et des espèces vivantes.

Depuis Jésus jusqu'à Lénine ou Mao, la décision moderne, incarnation, présence réelle, s'est tant répétée pendant deux millénaires que l'instant initiateur, révélation ou révolution à son tour a déchu dans l'ordinaire du révolu. Voici donc Dieu mort, le dieu-homme ou l'homme-dieu, qui vivait dans la vie, la voix qui disait l'histoire à faire, le moi, le nous qui s'y accomplissait.

Nietzsche, en annonçant que le temps du grand deuil est venu, ajoute: «Les dieux aussi pourrissent». A l'instant précis où se répand l'odeur nauséabonde, le nihilisme cesse d'être un tour d'esprit sceptique ou déçu, il devient l'expérience d'une âme et d'un corps exposés à l'abjection, obstinément. A cette sorte de phobie qui s'exerce au putride avec lucidité, Céline, Bataille, Artaud, Camus font hommage d'une écriture à la limite d'elle-même. J'entends leur adjoindre ici l'œuvre de Malraux. En dépit des travers d'écriture qui l'ont fait méconnaître, penchant pour l'épopée, éloquence d'homme public, hâte aventurière, elle n'est pas moins plongée que celle des autres dans la nausée ontologique, pas moins anxieuse de montrer et comprendre comment le miracle peut surgir, celui des œuvres.

Dans les culs-de-basse-fosse où les dieux et les héros pour-

no less anxious to understand and to show how the miracle of artworks can arise.

Rather than be extinguished by the languid swarming of the creatures in the dungeons where gods and heroes rot along with the rest, life is regenerated there. Death, be it chosen— suicide—appears to end life only from the myopic viewpoint of an ego on the line. It is actually the scheming of reproduction, a mere moment in the redundancy of the same. Death and birth are indistinguishable, like beginning and end in a perpetual cycle where simple convention discriminates between departure and arrival. Loftiness is debased, the artwork rendered idle, civilizations ruined and sanctuaries abandoned. But bitterly diagnosing the inevitable decline, expending the mind's energy in probing "the crisis of the spirit" is to let oneself off lightly as did Valéry's Monsieur Teste.[6] The worst gets missed. And the worst is this: that in the ostensibly mute swamp where everything gets engulfed, larvæ stagnate by the billions, fomenting renewal. Plants, animals, humans, and cultures: everything will begin again. Plots resume. In the reconstructed castles and sculleries Shakespeare's heroes and valets replay their tragedies and comedies, once again, for the first and last time. What kind of eye is needed in order to envision a story of such inanity?—The viewpoint—fascinated, horrified—of an idiot. Here it is:

The insects lived by and on the forest—from the globular black creatures which the cart-harnessed oxen squashed under their hooves, and the ants in their frenzied crawl up the porous tree trunks, to the spiders hooked by grasshopper-like claws to the centers of their huge webs, four meters across, whose silken filigree caught up the light that lingered near the soil and masked the formless tangle of the undergrowth with never-changing forms of shining symmetry. Amid the welter of the leafage heaving with scaly insects only the spiders kept steadfast vigil, yet some vague resemblance linked them, too, with the other insects—flies and cockroaches, the curious little creatures with heads protruding from their shells crawling upon the moss—with the foul virulence of bacterial life seen on a microscopic slide. The high

rissent avec le reste, la vie ne s'éteint pas au grouillement mou des bêtes, elle se régénère. Le décès, serait-il choisi, le suicide, n'a l'air de mettre fin à la vie qu'au regard trop court du moi en jeu; il est en vérité une manigance de la reproduction, simple moment dans la redite du même. Mort et naissance sont indiscernables comme début et fin le sont d'un cycle perpétuel, où le départ et l'arrivée ne se distinguent que par convention. L'élévation est abaissée, l'œuvre désœuvrée, les civilisations ruinées et les sanctuaires abandonnés. Mais à diagnostiquer amèrement l'inévitable déclin, à dépenser les ressources de l'esprit pour sonder «la crise de l'esprit», on s'en tire à bon compte, le compte de Teste, on manque le pire: c'est que dans le marécage apparemment muet où tout vient s'abîmer, les larves végètent par milliards et fomentent le regain. Végétaux, animaux, humains et cultures, tout va recommencer. Les intrigues se renouent. Dans les châteaux et les cuisines reconstruits, héros et valets de Shakespeare rejouent la tragédie et la comédie, encore une fois, la première et la dernière fois. Quel coup d'œil faudrait-il pour envisager une histoire d'une pareille inanité? Le regard d'un idiot, fasciné, horrifié. Le voici:

Les insectes . . . vivaient de la forêt, depuis les boules noires qu'écrasaient les sabots des bœufs attelés aux charrettes et les fourmis qui gravissaient en tremblotant les troncs poreux, jusqu'aux araignées retenues par leurs pattes de sauterelles au centre de toiles de quatre mètres dont les fils recueillaient le jour qui traînait encore auprès du sol, et apparaissaient de loin sur la confusion des formes, phosphorescentes et géométriques, dans une immobilité d'éternité. Seules, sur les mouvements de mollusque de la brousse, elles fixaient des figures qu'une trouble analogie reliait aux autres insectes, aux cancrelats, aux mouches, aux bêtes sans nom dont la tête sortait de la carapace au ras des mousses, à l'écœurante virulence d'une vie de microscope. Les termitières hautes et blanchâtres, sur lesquelles les termites ne se voyaient jamais, élevaient dans la pénombre leurs pics de planètes abandonnées comme si elles eussent trouvé naissance dans la corruption de l'air, dans l'odeur de champignon, dans la présence des minuscules sangsues agglutinées sous les feuilles comme des œufs de mouche. L'unité

gray anthills, on whose surface the termites never showed themselves, towered up through the dusk like mountain peaks on some dead satellite; they seemed bred of the corruption of the air, the stench of fungus, the swarms of tiny leeches glued together like flies' eggs beneath the leaves. Claude was growing aware of the essential oneness of the forest and had given up trying to distinguish living beings from their setting, life that moves from life that oozes; some unknown power assimilated the trees with the fungoid growths upon them, and quickened the restless movements of all the rudimentary creatures darting to and fro upon a soil like march-scum amid the steaming vegetation of a planet in the making. Here what act of man had any meaning, what human will could conserve its staying power? Here everything frayed out, grew soft and flabby, assimilated itself with its surroundings, which, loathsome yet fascinating as a cretin's eyes, worked on the nerves with the same obscene power of attraction as the spiders hanging there between the branches, from which at first it had cost him such an effort to avert his gaze. (*RW*, 100–102)

de la forêt, maintenant, s'imposait; depuis six jours Claude avait renoncé à séparer les êtres des formes, la vie qui bouge de la vie qui suinte; une puissance inconnue liait aux arbres les fongosités, faisait grouiller toutes ces choses provisoires sur un sol semblable à l'écume des marais, dans ces bois fumants de commencement du monde. Quel acte humain, ici, avait un sens? Quelle volonté conservait sa force? Tout se ramifiait, s'amollissait, s'efforçait de s'accorder à ce monde ignoble et attirant à la fois comme le regard des idiots. . . .

Dread

"Tell me, Malraux: Why Asia?" a naive and crafty Valéry asked him. Because for André the Khmer forest is deeper inside him than he is himself! "No religion, no experience," writes Lazarus in 1973, "has taught us that dread is *within us*" (*Laz.*, 92). Down in his SA cell Kassner awaits his torturers. But it is within that the horror proliferates: insects, reptiles, hallucinated mollusks. *Days of Wrath* is dated 1934. Already in 1925, in the little daily that Malraux publishes in Saigon against the abject colonial administration, he slips a seemingly "*farfelu*" text entitled "The Isfahan Expedition."[7] A Bolshevik commando coming down out of Afghanistan to seize the old Persian capital encounters impenetrable ruins guarded by wild dogs. In the end a wave of scorpions swarms in from the desert, spreading panic through the Red ranks. This repulsive tide will reach Europe in a few years, engulfing it. Malraux's revulsion at fascism, Nazism, Francoism, and, later, Stalinism is only political in appearance. "Stupidity," he writes in 1933 in *Marianne*, "is overrunning Indochina like an enraged bull."[8] Beneath the flashiness of parades—brown, black, red alike—he hears "Long live death" and smells the stench of rampant vermin. The enraged bull that overruns Europe?—An immense wood louse thirsting

Épouvante

«Dites-moi, Malraux, pourquoi l'Asie?», demandait Valéry, naïf et roublard. C'est qu'elle est pour André plus intérieure à lui-même que lui, la forêt khmère! «Aucune religion, écrit Lazare en 1973, aucune expérience ne nous dit que l'épouvante est en nous.» Au fond de sa cellule SA, Kassner attend d'être torturé; mais l'horreur prolifère du dedans, insectes, reptiles, mollusques hallucinés. *Le Temps du Mépris* est daté de 1934. Dans le petit quotidien que Malraux fait à Saïgon contre l'abjecte administration coloniale, en 1925 déjà, il glisse un texte apparemment «farfelu», «L'expédition d'Ispahan». Un commando bolchevik descendu de l'Afghanistan pour s'emparer de la vieille capitale perse se heurte aux ruines impénétrables que gardent des chiens sauvages. A la fin, une marée de scorpions déferle du désert, qui sème la panique chez les Rouges. Ce ressac nauséeux va en quelques années gagner l'Europe et la couvrir. Le dégoût qu'éprouve Malraux pour le fascisme, le nazisme, le franquisme, et plus tard le stalinisme n'est politique qu'en apparence. «La Bêtise, écrit-il en 1933 dans *Marianne*, se roule sur l'Indochine comme un bœuf enragé.» Sous le clinquant des parades brunes, noires, rouges, il entend «Vive la mort», il sent la puanteur de la vermine déchaînée. Le bœuf enragé qui se roule sur l'Europe?

for nothingness. In 1938 General Franco's Moorish units be-
siege Barcelona. Malraux observes through binoculars and, hal-
lucinating, murmurs: "Persians!" The scorpions of his Isfahan
have arrived, are surging forth. He never ceases to learn what
he already knows: organizations and organisms, you and me,
nothing is anything more than an episode in eternal redundancy. And the latter doesn't appeal to humans. It runs them
through the grinder of its pallid mandibles. But at every occasion (and in those days there were plenty), Malraux throws
himself into contact with the putrid as if to get his deed con-
signed in situ by that which cares nothing of deeds but to swal-
low them up.

Civilizations are subjected to the same revolution as the
living and the stars. Returned from Africa, Möllberg of *The
Walnut Trees of Altenburg*, a cross between a sort of exasperated
Spengler and Frobenius, expounds the exemplary case of a pro-
tohistorical society that is directly governed by cosmic indifference. The king that considers his power goes through the same
cycles as the moon, and the cycle of Venus regulates variations
in the power of the queen, the monarch's sister and spouse. A-
solar civilization. "The full moon made a real king of him, a
master of life and death. . . . The moon began to wane: he was
confined to the palace. When the moonless period finally arrived, no one had the right to speak to him. Throughout the
kingdom mention of his name was forbidden. Suppressed. Day-
light was denied him. Hidden away in the dark [etc.]" (*AM*,
26–27; *WTA*, 99). When the evening star becomes the morning
star during an eclipse of the moon, the sovereigns are led with
pomp to a mountain cave and are strangled. "The king's corpse
was tended with extreme devotion until he rose again with the
new moon in the form of a new king. And everything began all
over again. That's all" (*WTA*, 100).

Malraux exults. He has his "proof": astral redundancy,
with no mythic narration to lend it any credence, in direct
command of the custom of births and deaths: "We are in a cosmic realm, in a realm older than religion. . . . One kills in a

un immense cloporte avide de néant. En 1938, les unités maures du général Franco investissent Barcelone. Malraux observe à la jumelle et murmure, halluciné: «Les Perses!» Les scorpions de son Ispahan sont arrivés, déferlent. Il n'en finit pas d'apprendre ce qu'il sait: les organisations et les organismes, vous et moi, tout n'est qu'épisode de l'éternelle redite. Laquelle ne dit rien aux humains. Elle les passe au broyeur des mandibules livides. Mais en chaque occasion (elles ne manquent pas alors), Malraux se jette au contact du putride, comme pour faire consigner *in situ* son geste par cela qui n'en a rien à faire, que l'engloutir.

Les civilisations sont soumises à la même révolution que les vivants et les astres. Dans *Les Noyers de l'Altenburg*, Möllberg, retour d'Afrique, une sorte de Spengler exaspéré, mâtiné de Frobenius, expose le cas exemplaire d'une société protohistorique directement régie par l'indifférence cosmique. Le roi voit son pouvoir passer par les mêmes phases que la lune tandis que le cycle de Venus commande les variations du pouvoir de la reine, sœur du monarque et son épouse. Civilisation a-solaire. «La pleine lune faisait de lui le vrai roi, le maître de la vie et de la mort. . . . La lune commençait à diminuer: il se cloîtrait dans son palais. Quand enfin venait l'époque des nuits sans lune, nul n'avait plus le droit de lui parler. Son nom, partout dans le royaume, était interdit. Supprimé! Le jour lui était refusé. Caché dans l'obscurité, [etc.].» Quand l'étoile du soir devient étoile du matin lors d'une éclipse de lune, on conduit avec pompe les souverains dans une caverne de montagne, et on les étrangle. «Le cadavre du roi était traité avec la tendresse la plus grande, jusqu'à ce qu'il ressuscitât avec le croissant sous la forme d'un nouveau roi. Et tout recommençait. Voilà.»

Malraux jubile, il tient sa «preuve»: la redite astrale commandant en direct la coutume des naissances et des morts, sans aucune narration mythique pour lui donner quelque créance: «Nous sommes dans un domaine cosmique, dans un domaine antérieur aux religions. . . . On tue dans l'éternel. Les dieux ne sont pas nés.» En dessous de l'histoire, de ses consécutions, des héritages et du sens que les narrations plaquent sur elle, la con-

void. Gods have not yet been born" (*WTA*, 101). Beneath history, its consecutions, its legacy, and the meanings that narrations tack on to it: contingency in the rough, the necessity to reproduce, without reason: "So, it matters little that for a few centuries men hand down to one another their concepts and their techniques: for man is an accident, and the world, essentially, is made of oblivion" (*AM*, 28).

Moon nil. In the kingdom of the moon, nil is king. It reigns over solar empires and Enlightenment cities alike. Political or not, civilizations live and die as do galaxies: fortuitous, necessitated, precarious. The strength of the occult must never be occulted in the establishment of whatever it is that resists entropy. Virtue, on the contrary, is first a probing lucidity in face of forgetting whose magnificence it owes to the night that mirrors and renames itself: mirror of limbo.[9] This is why the figures from the East—Indians, Chinese, Japanese—are reflected in that text so carefully. Buddhism, Hinduism, Confucianism constituted this paradox, counterglory: the unwritten that becomes writing; civilizations in which the only *fama* authorized was the maintenance of the presence of infamy. But that's finished. The challenge of the West forces Nehru and Mao to modernize; to fulfill the modern subjective will, that is, as well as its forgetting of forgetfulness.

Möllberg cannot refrain from making the following comment be heard by all: "He was the king in the same way as a queen termite is the queen. . . . The king is not sacrificed to a moon-god; he is at the same time himself and the moon, just as the panthermen of the Sudan are at the same time themselves and panthers" (*WTA*, 100–101). Thirty years later Malraux snips this passage out, transposing it into one of the first sequences in *Anti-Memoirs* and adding, for good measure, to the parallel with the panthermen a small supplementary term of comparison: our king is thus both himself and the moon: "almost, quite simply, as children are at one and the same time themselves and d'Artagnan" (*AM*, 27). Now, this additive is rash.

Exoticism is unnecessary for grasping the identification

tingence brute, la nécessité, sans raison, de reproduire: «Alors, peu importe que les hommes se transmettent pour quelques siècles leurs concepts et leurs techniques: car l'homme est un hasard, et, pour l'essentiel, le monde est fait d'oubli». Lune nulle. Au royaume de la lune, le nul est roi. Il règne aussi bien sur les empires solaires et les cités des Lumières. Politiques ou non, les civilisations vivent et meurent en galaxies: fortuites, nécessitées, précaires. Dans l'érection du quelque chose qui résiste à l'entropie, jamais la force de l'occulte ne doit être occultée. La vertu, au contraire, est d'abord une lucidité lancinante quant à l'oubli, elle tient son éclat de la nuit qui se mire et se renomme: le miroir des limbes. C'est pourquoi les figures de l'Orient, les Indiens, les Chinois, les Japonais, y sont réfléchies avec tant de soin. Le bouddhisme, l'hindouisme, le confucéisme, c'était ce paradoxe, la contre-gloire: l'inécrit se faisant écriture; civilisations où la seule *fama* autorisée était de maintenir présent l'infâme. Mais c'est fini. Le défi de l'Occident contraint Nehru et Mao à moderniser, c'est-à-dire à accomplir la volonté subjective moderne et son oubli de l'oubli.

Möllberg ne peut s'interdire ce commentaire, afin que nul n'en ignore: «Le roi est roi comme la reine des termites est la reine. . . . Le roi n'est pas sacrifié à un Dieu-Lune: il est à la fois lui-même et la lune, comme les hommes-panthères du Soudan sont à la fois eux-mêmes et panthères.» Malraux découpe ce texte trente ans après, il en fait l'une des premières séquences des *Antimémoires*, non sans ajouter au parallèle avec les hommes-panthères un petit terme de comparaison supplémentaire, pour faire bonne mesure: notre roi, donc, est lui-même et la lune, «presque, tout bonnement, comme les enfants sont eux-mêmes et d'Artagnan». Or l'additif est inconsidéré.

L'intelligence de l'identification avec les astres se passerait d'exotisme: nous avons à notre porte, au berceau plutôt—mais le quittons-nous jamais? «Il n'y a pas de grandes personnes», est-il déclaré dès la première page des *Antimémoires*—, nous avons à demeure l'expérience de l'identification romanesque, «tout bonnement». Évidence à corriger d'un «presque», malgré tout.

with the stars: at our doorstep, in our cradle, rather (And do we ever leave the cradle?—"There's no such thing as a grown-up person," declares the very first page of *Anti-Memoirs*), inherently, we possess novelistic identification, "quite simply." An obvious given that requires, nonetheless, adjustment by an "almost." For if we are to suppose that the Gascon hero, the hero who sets us to action, to writing, to signing, in sum, determines us as the moon determines its proto-African king, then the work and the lucid vision of redundancy that it supposes would result in nothing but its redundancy. And the adventure of the young eccentric who gets himself numbed and engulfed by the Khmer forest would be nothing more than an episode in the cycle of putrefaction. The absolute nihilism of Professor Möllberg is such, in effect, that he gives up the idea of publishing his African studies (but not of exposing them at the Altenburg colloquium).

In no way does Malraux amend Spenglerism. His phobia of the return aggravates its despair. But this in order to better hear, through the silence of redundancies, the *strix* that sometimes calls on the writer, the painter, or the hero of History to invent the artifact in which its stridency will perhaps be echoed without falling into oblivion with the rest. He confesses that he never ceased to struggle with Spengler: not through refutation or consolation but by revealing fissures in the millstone that grinds everything—cam releases, sighs of relief in the perpetual motion. The child does not repeat the musketeer: he fuses with a legendary hero who proves an exception in the cycle of the same. Art produces these lapses, threading these figures into them. And our childhood forever marvels at this. The rest is dread.

Car à supposer que le héros gascon, le héros qui nous fait agir, écrire, signer en somme, nous déterminât comme la lune son roi proto-africain, alors l'œuvre et la vision lucide de la redite qu'elle suppose ne feraient rien d'autre que la redire. Et l'aventure du jeune extravagant qui vient se faire engourdir et engloutir par la forêt khmère ne serait pas plus qu'un épisode du cycle de la putréfaction. Tel est en effet l'absolu nihilisme du professeur Möllberg, au point qu'il renonce à publier ses études africaines (mais non à les exposer au colloque de l'Altenburg).

Malraux n'amende en rien le spenglérisme, sa phobie du retour en aggrave le désespoir; mais c'est pour mieux entendre, dans le silence des redites, la strige qui appelle parfois l'écrivain, le peintre ou le héros de l'Histoire à inventer l'artefact où sa stridence viendra peut-être faire écho, sans tomber dans l'oubli avec le reste. Il confesse n'avoir cessé de combattre Spengler: non par la réfutation ou la consolation, mais en découvrant des fissures dans la meule qui broie tout, ou des levées de came, des soupirs dans son mouvement perpétuel. L'enfant ne répète pas le mousquetaire, il fusionne avec un héros légendaire, qui fait exception au cycle du même. L'art provoque ces lapsus, faufile en eux ses figures. Notre enfance s'en émerveille à jamais. Le reste est épouvante.

Lost Voice

Is it time to despair? Incarnated in the course of events, living and recounting the promise, reckoning on emancipation, will the "first person" have only been an episode of the return, an inconsequential levy doomed, like all the others, to decline? a dawn soon gone dark? Called on to bury modern subjectivity, to take note of the bankruptcy of eschatological narrative, the option for hope—be it religious or rationalist—raises the objection that if one supposes one modernity finished, another one is always taking shape. A different one, to be sure, but one bearing a significance to assign to history: the postmodern is still modern. Argument without consequence, however: there is no need for any "new" initiatory decision to come along and conclude or even interrupt the death throes of old hopes. Further, even if this were the case, far from refuting the universality of redundancy, such a "renewal" would confirm it and encourage hopelessness.

Instead of repeating the disappointment by denying it, the lesson of an altogether different way of thinking and of living the presence of the promise within history may be learned. Having from the outset woven disappointment together with the strand of its promise, the Jewish narrative seems invulnera-

Voix perdue

Est-il temps de désespérer? La «première personne», incarnée dans le cours des événements, qui vit et raconte la promesse, qui escompte l'émancipation, n'aura-t-elle été qu'un épisode dans le retour, une levée sans conséquence, condamnée comme les autres au déclin, une aube bientôt éteinte? Invité à enterrer la subjectivité moderne, à constater la faillite du récit eschatologique, le parti de l'espérance, confessionnel ou rationaliste, objecte qu'à supposer qu'une modernité soit finie, alors une nouvelle s'annonce, différente mais toujours porteuse d'un sens à assigner à l'histoire: le postmoderne est encore moderne. Argument sans portée, cependant: il n'y a aucune nécessité qu'une «nouvelle» décision de commencer vienne conclure ni même interrompre l'agonie des vieux espoirs. Bien plus, en serait-il ainsi, qu'un tel «renouveau» ne réfuterait nullement mais confirmerait l'universalité de la redite et encouragerait la désespérance.

Au lieu de répéter la déception en la niant, on peut prendre leçon d'une tout autre manière de penser et de vivre la présence de la promesse dans l'histoire. Ayant tressé d'origine la déception de l'accomplissement avec le fil de sa promesse, le récit juif paraît invulnérable aux désespoirs cycliques. Nul sujet iden-

ble to cyclical despair. No identifiable subject—not even "the people"—is its author. It recounts that the community never fully heard the voice in vivo and that the community may only consult a written summary—one that is consonantal, mute, risky to decipher and vocalize. As for its interpretation, the immense corpus of readings and commentaries thereupon—a millennial accumulation—offers its precious and cumbersome services. The first written letter, the aleph, can barely be heard: a breath before the breath, the throat about to open as it prepares to give voice. I do not make the decision to begin; I do not proclaim that decision; a voice that is not mine readies me for entering into the covenant. Symmetrical prudence as to the notion of an end. A Hasidic story says that if you forget a prayer's exact form, what it asks, the circumstance in which it should be said, you can at least evoke the series of things forgotten, invoke the pardon, and "that's enough." By recounting the forgotten voice, one does not make it heard as is—vain hope, illusion—: one safeguards the covenant. Narrating its loss is still to honor its unpresented presence. In order to acquire a precarious renown, Kafka's Josephine has only to whistle weakly, almost inaudibly, the tunes that the mouse people once knew how to sing but no longer remember.[10]

The West of modernities was duty bound to persecute quite plainly this melancholic and peculiar prudence. So much care applied to listening to the evanescent meanings entailed by the least event or the worst catastrophe or some obviously good fortune: on principle all this constituted an annoyance to the proclaimed and reiterated project of concretely achieving full possession of meaning, of freedom. Furthermore, it is no coincidence if the failure of that project—a failure resulting mechanically in its opposite: the mad deduction of mastery under the fraudulent auspices of a race self-proclaimed as always already, by nature, in full possession of itself and of the world, a race thus meant to actualize the completion of history in its own beginning—it is no coincidence, then, if the Nazi frenzy to totalize meaning without remainder culminates with the Final Solution. The *Endlösung* aimed to cause the definitive for-

tifiable n'en est l'auteur, pas même le «peuple». Il raconte que la voix n'a jamais été pleinement entendue *in vivo* par la communauté, que celle-ci dispose seulement d'un relevé écrit, consonantique, muet, à déchiffrer et vocaliser à tout risque. Quant à l'interpréter, l'immense corpus des lectures et de leurs commentaires accumulé depuis des millénaires offre ses services précieux, et embarrassants. La première lettre de l'écriture, l'aleph, s'entend à peine, un souffle avant le souffle, la disposition du gosier à s'ouvrir quand il se prépare à voiser. Je ne décide pas de commencer, je ne le clame pas, une voix qui n'est pas la mienne m'apprête à subir son alliance. Prudence symétrique quant à la notion d'une fin. Un récit hassidique raconte qu'ayant oublié une prière dans sa forme exacte, oublié ce qu'elle demande, oublié la circonstance dans laquelle elle doit être prononcée, tu peux du moins évoquer la suite de ces oublis, invoquer le pardon, et que «cela suffit». En racontant l'oubli de la voix, on ne la fait pas entendre telle quelle—espoir vain, illusion—on sauvegarde l'alliance. Narrer qu'elle est perdue, c'est encore honorer sa présence imprésentée. Il suffit à la *Joséphine* de Kafka de siffler faiblement, au point d'être inaudible, des airs que le peuple des souris a su chanter et dont il ne se souvient pas, pour qu'elle obtienne auprès de lui une précaire renommée.

L'Occident des modernités se devait de persécuter tout uniment cette prudence mélancolique et drôle. Tant de soin apporté à écouter les sens évanescents que le moindre événement, ou la pire catastrophe, ou une fortune manifestement heureuse, peut comporter—cela contrariait trop, par principe, le projet proclamé et réitéré d'accomplir dans les faits la pleine possession du sens, la liberté. Aussi bien n'est-ce pas hasard si la faillite de ce projet—d'où résulta mécaniquement son opposé, le précompte délirant de la maîtrise sous les espèces frauduleuses d'une race proclamée toujours déjà, par nature, en possession de soi-même et du monde, censée donc actualiser l'achèvement de l'histoire dans son propre commencement—ce n'est pas hasard si la frénésie nazie de totaliser le sens sans reste aboutit à la Solution finale. La *Endlösung* visait à faire oublier définitivement les témoins d'une voix oubliée d'origine et dont l'oubli ne peut et ne

getting of witnesses of a voice forgotten from the outset and whose forgetting can never and must never be forgotten. As to the extermination program and its implementation in the souls and on the bodies of the wretched, the order was given under threat of death to the yes-men to silence them. The crime was to be perfect, the annihilation annihilated, the end deprived of itself. "The disappearance of death," wrote Adorno.[11]

Not only is no trace of anti-Semitism detectable either in the writings or in the conduct of Malraux—rarest of exceptions for his time—it is legitimate to think that there is a correspondence between, on the one hand, the kind of validity that the psychology of art bestows on artworks,[12] a validity that his own poetics aims at—the only validity capable, possibly, of resisting the debacle of values—and, on the other, this unforgetting of forgetting and listening to the inaudible whose paradox is sustained in the Jewish tradition.

Moreover, Malraux comes to learn of or to recognize the precariousness by which the subjective voice is stricken in spite of its claim to speak and realize the truth in the great works born of the modern tradition itself. Cervantes's *Quixote* recounts an epic whose conclusion is doomed to failure from the outset. By the same stroke, Cervantes strips the voice that recounts the epic of its authority over the sense of the story. If the story fails to lead to the glory of its fulfillment, to *fama*, then the voice that recounts this misunderstanding must confess to his own *infamy*. It is on the grounds of this infamy that Borges deploys the paradoxical implications for the various narrative polarities. Determining distinct positions for hero, narrator, author, and reader gives rise to suspicion and confusion. Diegetic reality proves almost indiscernible from the "reality effect" produced by the narration. The moderns think they can close the gap between the plane of the reality told and that of the narrative voice by making the latter flesh right in the story. The substance is subject; the drama that I recount is mine. . . . Modern revelation consists of the self-affirmation of this self-affectation.

Yet if such is the case (and how is one to know?), then object and meaning begin to circulate freely, to switch positions at

doit jamais s'oublier. Quant au programme de l'extermination et à sa mise en œuvre dans les âmes et sur les corps des misérables, ordre fut donné à leurs exécutants de les taire, sous peine de mort. Le crime serait parfait, l'anéantissement anéanti, la fin serait privée d'elle-même. Mort de la mort, écrivait Adorno.

Outre qu'on ne relève aucun trait d'antisémitisme dans les écrits ni dans la conduite de Malraux, exception rarissime en son temps, on peut penser que la sorte de validité dont la psychologie de l'art dote les œuvres et que vise sa propre poétique, la seule validité susceptible de résister à la débâcle des valeurs, s'apparente à cet inoubli de l'oubli qui n'est pas la mémoire et à l'écoute de l'inaudible, dont la tradition juive soutient son paradoxe.

La précarité dont la voix subjective est frappée en dépit de sa présomption de dire le vrai et de le réaliser, Malraux peut de reste l'apprendre ou la reconnaître dans les grandes œuvres issues de la tradition moderne elle-même. Le *Quichotte* de Cervantès raconte une épopée dont la fin est manquée dès le début, et par là même il prive la voix qui raconte cette épopée de son autorité sur le sens de l'histoire. Si celle-ci ne conduit pas à la gloire de son accomplissement, à la *fama*, alors la voix qui raconte cette méprise doit confesser sa propre *infamie*. Borgès déploie, au titre de cette infamie, les implications paradoxales qui en résultent pour les diverses polarités de la narration. La détermination distincte des instances du héros, du narrateur, de l'auteur, du lecteur donne lieu à soupçon, à confusion. La réalité diégétique s'avère peu discernable de «l'effet de réalité» produit par la narration. Les modernes croient pallier la séparation entre le plan de la réalité racontée et celui de la voix narrative en incarnant celle-ci à même l'histoire. La substance est sujet; le drame que je raconte, c'est le mien. . . . En l'auto-affirmation de cette auto-affection, consiste la révélation moderne.

Mais si tel est le cas (et comment le savoir?), alors l'objet et le sens se mettent à circuler librement, à s'échanger sur tous les postes de la phrase. L'original et son imitation, comment les discerner? Un personnage de roman n'est pas moins réel que son auteur ou son lecteur, ceux-ci pas moins fictifs que celui-

each of the sentence's posts. How is the original to be distinguished from the imitation? A character in a novel is no less real than the author or the reader. And the latter are no less fictional than the former. Universal history exists solely through the books that contain it, and no single one of these holds the privilege of pronouncing the beginning or the end, let alone the privilege of being one or the other. Again, establishing a *terminus a quo, ad quem* requires that one pass beyond: the position of the sentence announcing that the preceding one was the last or that the following one will be the first bars it from taking its place within the segment of duration that it closes or inaugurates.

From Malraux's standpoint *Remembrance of Things Past* was the last great modern novel. The voice, whose position throughout the narrative is immanent to the story that it recounts, finally manages to reach the revelation of its initial decision to speak (or write). These plots were impressed on the register of speech. Proust notes that they make up the spontaneous archive of "impressions" deposited by the diegesis in the discourse of the narrative. Through its authority as instance that knows and wishes what it says, the voice must then say what was initially said through it. *The Past Recaptured* concludes with the promise of this beginning that is conscious of itself and of its end: thus the modern gesture par excellence— Hegel's speculative sentence—hitches the truth-to-come together with the coming-to-itself of completed experience. Recall without remainder is presumed. Against this recall Malraux writes *Anti-Memoirs*.

Joyce's *Ulysses* explodes the lie of the chronicles. The great return through narration is an illusion concocted by desire: an ideology. Now, what prohibits the putative voice from assembling its experience in some consummate *remembering*, from re-membering itself in some subject of an Odyssey, is the "means" of narrative itself: language. The narrator can very well believe and delude others into believing that he commands the use of language: it is not at his disposal; it doesn't *return* to him.[13] Undisciplined vocables laden with myriad meanings that are sometimes contradictory or unknown, placed in syn-

là. L'histoire universelle n'existe que par les livres qui la content, aucun de ceux-ci ne détient en lui-même le privilège de dire le commencement ou la fin, encore moins d'être celle-ci ou celui-là. Encore une fois, établir un *terminus a quo, ad quem* demande qu'on passe au-delà: la phrase qui annonce que la précédente était la dernière, ou que la suivante sera la première, cette phrase, par position, ne peut pas être intérieure au segment de durée qu'elle clôture ou inaugure.

Le dernier grand roman moderne, aux yeux de Malraux, est la *Recherche du temps perdu*. La voix, immanente à l'histoire qu'elle raconte tout au long du récit, parvient enfin à la révélation de sa décision initiale, de parler (ou d'écrire). Le livre s'est écrit dans l'immanence du monde dont il conte les intrigues de toutes sortes. Celles-ci se sont, pour ainsi dire, impressionnées sur le registre de la parole; elles forment, note Proust, l'archive spontanée d'«impressions» déposées par la diégèse dans le discours du recit. Il faut à présent que la voix, sous son autorité d'instance qui sait et veut ce qu'elle dit, dise ce qui s'est dit d'abord à travers elle. *Le Temps retrouvé* s'achève sur la promesse de ce commencement conscient de soi et de sa fin; geste moderne par excellence, la phrase spéculative de Hegel, boucle ainsi la vérité à venir sur la venue à soi de l'expérience faite. On présume une remémoration sans reste. Contre elle, Malraux écrit *Antimémoires*.

Le *Ulysses* de Joyce fait éclater le mensonge des chroniques. Le grand retour par la narration est un leurre manigancé par le désir, une idéologie. Or, ce qui interdit à la prétendue voix de rassembler son expérience en un *remembering* achevé, de se remembrer en sujet d'une Odyssée, c'est le «moyen» même du récit, la langue. Le narrateur peut bien croire et faire accroire qu'il en détient l'usage pour dire son retour, elle n'est pas à sa disposition, elle ne lui *revient* pas. Vocables indisciplinés, chargés de sens multiples, parfois contradictoires, inconnus, syntaxes grosses de sous-entendus, de pataquès, d'équivoques, tout dans la matière langagière vient dévoyer l'intention droite de signifier et trahit la fidélité au sens. La voix n'en finit pas de maîtriser la langue rebelle, l'écriture s'éprend de la sauvagesse et l'épouse,

taxes replete with innuendos, mispronunciations, ambiguities: everything in linguistic material leads honest intention to signify astray and betrays loyalty to meaning. The voice can never be done with trying to master rebellious language. Writing becomes enamored of the wild one, weds her, seeking to honor the powers of this maid of all work who is infinitely more opulent than her supposed employer.

Role reversal, inversion. What "I" would still dare to introduce itself as master of narrative when the promise of final freedom that it proffers instantly runs aground on the inextricable and restrictive perversity of the language in which it is formulated? "Perversion" since, additionally, the slippage of roles and meanings on the discourse of experience can be such as to render the voices of God and Satan indistinct. Evil is no longer the rebellious angel, a dark prince who wages direct war with sovereign good: it is the executioner ordained into the priesthood, the paranoiac beatified, the people freely electing its tyrants, the exploiter clothed as the civilizer, the radiant future deporting and assassinating its supporters.

"Having another round," as the popular saying goes, doesn't mean beginning: one can only pretend to begin. Already present, the end is deferred, made to forget. Cynical imposters, false prophets proliferate. Before abjection furiously spouting its gospel, even the most tenacious faith retracts. Bernanos wrote *The Imposter* and *The Star of Satan* and confided to Malraux that to be Christian in that day was to believe in the devil.[14] Thomas Mann radicalized this diagnostic in *Doktor Faustus*: Satan inspired the Third Reich and the worldwide carnage. But the New Music was also his handiwork.[15] The act of writing or the act of art is authorized by no voice, aims at no end. Sovereign, with no regard for the law or for others, the artwork *is*. Literature in collusion with evil: Bataille stakes claims to their complicity.[16] The practice of insubordination to the voice, to the project is the only way to measure up to the nothingness left by the death of God and Man. For an instant, in the ecstasy of the blackened void, "inner experience" abolishes the subject.[17]

cherche à honorer les pouvoirs de cette bonne à tout faire infiniment plus opulente que son prétendu employeur.

Renversement des rôles, inversion. Quel Je oserait encore se présenter en maître du récit quand la promesse de liberté finale qu'il profère échoue d'emblée sur l'inextricable et contraignante perversité de la langue dans laquelle elle se formule? Perversion puisque aussi bien le dérapage des rôles et des sens sur le discours de l'expérience peut aller jusqu'à rendre indistinctes les voix de Dieu et de Satan. Le mal n'est plus l'ange rebelle, un prince noir qui fait de front la guerre au souverain bien. C'est le bourreau ordonné prêtre, le paranoïaque béatifié, c'est le peuple qui élit librement ses tyrans, l'exploiteur en habit de civilisateur, l'avenir radieux qui déporte et assassine ses supporters.

A «remettre ça», comme dit le populaire, on ne commence pas, on fait comme si on commençait. On diffère la fin déjà là, on la fait oublier. Imposture cynique, les faux prophètes prolifèrent. Devant le déchaînement de l'abjection qui bonimente ses évangiles, la foi la plus tenace se contracte. Bernanos écrit *L'Imposture, Sous le soleil de Satan*, et confie à Malraux: être chrétien aujourd'hui, c'est croire au diable. Thomas Mann radicalise le diagnostic dans *Doktor Faustus*: Satan a inspiré le IIIe Reich et la tuerie mondiale, mais la Nouvelle Musique aussi est son œuvre. L'acte d'écriture ou d'art ne s'autorise d'aucune voix, ne vise aucune fin. Souveraine, sans égard pour la loi ni pour autrui, l'œuvre *est*. Littérature de mèche avec le mal: Bataille revendique leur connivence. Exercice d'insoumission à la voix, au projet, seule manière d'être mesurée au rien que laisse la mort de Dieu et de l'Homme, «l'expérience intérieure» abolit un instant le sujet dans l'extase du vide noir.

Moribund Ego

In the midst of the ruins the sincerity that religious denominations claim as an excuse is as futile as the faithfulness demanded of a biographer: both believe they can regulate their narration on a suppositum[18]—a sort of egotic identity more or less in control of itself yet an identity that the narrative itself would be responsible for founding in order to unify its attributes and successive trials. To some Malraux's entire œuvre appears autobiographical. And doubly so insofar as that life itself —one that the œuvre draws on abundantly—appears to have been "written" for it. But what might the term *autobiography* mean when the ego's autonomy is packed away along with the other illusions? when its existence is overrun by every subordination, then deserted? when the *bios*, stripped of all finality, is cosmic? nothing more, that is, than the illusory moment of a death more total than death? "With death, lying in wait up there among its stellar plains, which caused the network of the veins of the living earth to appear to me like the lines on my dead mother's hand" (*AM*, 69).

The spider's nest is within the ego; a sinister mother, she devours it: "we can see it disappear before our very eyes," unmasked, overcome. "The Ego, a deserted palace that each of us

Moi moribond

Au milieu des décombres, la sincérité dont les confessions prétendent s'autoriser est aussi futile que la fidélité exigée d'un biographe: l'une et l'autre croient pouvoir régler leur narration sur un *suppôt*, sorte d'identité égotique, peu ou prou en possession de soi, mais que le récit même aurait à charge d'établir comme l'unité de ses attributs et accidents successifs. Toute l'œuvre de Malraux a pu paraître autobiographique, et deux fois, tant la vie elle-même, où l'œuvre puise abondamment, semble avoir déjà été «écrite» pour elle. Que peut dire pourtant le mot d'autobiographie, quand l'autonomie du moi est remisée parmi les leurres, son existence envahie par toutes les soumissions et désertée, quand le *bios*, de son côté, privé de toute finalité, n'est que le moment trompeur d'une mort plus entière que la mort: cosmique? «La mort embusquée là-haut dans ses steppes d'astres, qui me fit apparaître le lacis des veines de la terre des vivants comme les lignes de la main de ma mère morte.»

L'araignée a son nid dans l'intérieur du moi; mère noire, elle le dévore, «nous le voyons disparaître sous nos yeux», démasqué, confondu. «Le Moi, palais du silence où chacun pénètre seul recèle toutes les pierreries de nos provisoires démences mêlées à celles de la lucidité; et la conscience que nous avons de

enters alone, contains each of the jewels of our temporary madness jumbled together with those of our lucidity; and consciousness of ourselves is woven mainly of vain desires, hopes, and dreams" (*JE,* 142). Woven into a spider's web, texture of temporary and vain madness: all that gets caught there is fit for liming and delitescence. Except for a few stones whose nature is lucid, instead of lunar, but that are difficult to distinguish from the imitations. The stones from the temple at Benteaï-Srey? If it had simply been a question of inventing a biography, Malraux had instantly revealed the major theme when he set off in search of that art treasure lost in the Khmer cloaca. Phobia of unspeakable creatures, obsession for inscribing on the swarm his name as inventor of the site: if the idea was to compose the picture of a firmly entrenched destiny compulsion, nothing was missing.

Total misinterpretation, however, with regard to the stakes of writing. *Compulsion, destiny, phobia, obsession*: these are all terms borrowed from the clinic, all words—like *biography*, even—that belong to the redundant one.[19] You will have been what you were meant to be, what you couldn't help but be. The pen is not applied directly to the repugnant pulp in order to sign and extract an artwork because it is spurred by neurosis, some maniacally egoistic heroism or delirium for sovereign will—so many cases of submission to this itself: the abject repetition from which one thinks one can be exempt. "However forcefully I wish to become conscious of myself, I feel subjected to a random series of sensations that escape my grasp altogether."

The artwork rises precisely from the invalidation of the ego decomposed into ordinary impressionistic stirrings at the very instant that it proves incapable (except if it cheats) of hearing its own voice or of having it heard. The very inconsistency revealed by the dissipation of the subjective screen then lends support to an absolute writing. For immortal is the underground of dead life and of living death. Such is the seatless, shifting foundation, the nothingness in whose proximity Malraux's poetics seeks the fulmination of truth. After the fashion of

nous-mêmes est surtout tissée de vains désirs, d'espoirs et de rêves.» Tissée en toile d'araignée, texture de démences provisoires et vaines: tout ce qui s'y prend est bon pour l'engluement et la délitescence. Restent quelques pierres qui ne sont pas de lune mais de lucidité; difficiles à démêler des similis. Les pierres du temple de Benteaï-Srey? Ne se fût-il agi que de se fabriquer une biographie, Malraux en livrait d'emblée le motif majeur en s'embarquant à la recherche de ce trésor artistique perdu dans le cloaque khmer. Phobie des bêtes innommables, obsession d'imposer son nom d'inventeur du site à leur grouillement, rien ne manquait à composer le tableau d'une solide compulsion de destin.

Contresens total pourtant, sur l'enjeu de l'écriture. Compulsion, destin, phobie et obsession, tous termes empruntés à la clinique, sont aussi des mots de la redite, comme la biographie même: tu auras été ce que tu devais être, ne pouvais manquer d'être. Si la plume vient signer à même la bouillie répugnante et en tirer une œuvre, ce n'est pas poussée par la névrose, quelque héroïsme maniaque du moi, ou un délire de volonté toute-puissante—autant de cas de soumission à cela même, l'abjecte répétition, dont on croit s'excepter. «Avec quelque force que je veuille prendre conscience de moi-même, je me sens soumis à une série désordonnée de sensations sur lesquelles je n'ai point de prise.»

L'œuvre s'érige précisément de l'invalidation du moi décomposé en remuements quelconques d'impressions, en cet instant où il s'avère incapable d'entendre et de faire entendre sa propre voix, sauf à tricher. Alors l'inconsistance même que la dissipation de l'écran subjectif découvre offre appui à une écriture absolue. Car le sous-sol de vie morte et de mort vivante est immortel. Telle est l'assise mouvante, sans assiette, le rien, au contact de quoi la poétique de Malraux cherche le foudroiement de la vérité. A l'instar de la nuit aveuglante de Bataille, l'immortalité n'est pas pérennité. Le cycle du même l'est peut-être pour la spéculation. Mais l'expérience n'en donne le sentiment que par éclats, en des instants hors de doute.

Bataille's blinding night, immortality does not mean perpetuity. The cycle of the same may be so for speculation, but experience only affords this feeling in flashes, in instants beyond doubt.

Something resists, one reads in "D'une jeunesse européenne": "the feeling of our distinct existence at this instant. Consciousness of being *one* is one of the irreducible givens of human existence" (*JE*, 143–44). The feeling that one exists— not self-consciousness; instantaneous existence—not life lending itself to biography: the immediate and intensely obvious fact of a "There, now!" that is oblivious to history slices the interminable ebb and flow with the thinnest of wires. In no manner does this feeling transcend lunar redundancy: its relation to it is *instant*, unpredictable at its advent, irrefutable like a convulsion.

Some forty-five years later, in the Salpêtrière Hospital, Malraux is teetering between life and death, stricken by repeated comas, staggered by dizzy spells. One night he finds himself roaming about on all fours, confusing walls with the floor in a room that seems to tip. "Amputated from the earth," he writes as soon as he can pick up a pen again, "the proximity of the death throes of others drowns the question 'What am I?,' makes it otiose. . . . This tourist trip through the archipelago of death disregards any sequence of events, lays bare only the most inchoate and most intense consciousness, the convulsive 'I am'" (*Laz.*, 79). What "I"?—"an 'I' without a self" (*Laz.*, 84). And, as if to complete the diagnostic sketched in "D'une jeunesse européenne": "It has thus been proclaimed that man consists of his phantasms, his drives, his hidden desires. I feel like writing that he is what gets constructed upon this vehement consciousness of existing, only existing." The work is written in the ink of the Scourge: man is only that which exceeds the inhuman of artwork.

To Perken's question, "No one ever makes anything of his life. . . . What do you expect from yours?" this is how Claude, in *The Royal Way*, responds: "I think I know best what I do *not* expect of it." Perken insists: "Whenever you've had to choose between alternatives, surely . . . "; Claude interrupts: "It's not I

Quelque chose résiste, lit-on dans «D'une jeunesse européenne», «une donnée irréductible de l'existence humaine, le sentiment de l'existence distincte dans l'instant». Sentiment d'exister et non conscience de soi, existence instantanée et non vie se prêtant à une biographie: l'évidence immédiate, intense d'un voici tranche d'un fil sans épaisseur et sans histoire l'interminable passage des flux et des jusants. Ce sentiment n'est nullement transcendant à la redite lunaire, il lui est *instant*, imprévisible quand il advient, irréfutable comme une convulsion.

A la Salpêtrière, quelque quarante-cinq ans plus tard, Malraux oscille entre vie et mort, frappé de comas répétés, foudroyé par des vertiges. Le voici une nuit qui erre à quatre pattes dans sa chambre basculée, confondant murs et sol, «amputé de la terre», écrit-il dès qu'il peut reprendre le stylo: «La proximité des agonies submerge le "Que suis-je?", le rend oiseux. . . . Ce tourisme dans l'archipel de la mort ignore toute suite d'événements, laisse seule à nu la conscience la plus informe et la plus intense, la convulsive "Je suis".» Quel je? «Un je-sans-moi». Et comme pour compléter le diagnostic esquissé dans «Jeunesse européenne»: «On a proclamé: l'homme, ce sont ses fantasmes, ses pulsions, ses désirs cachés. J'ai envie d'écrire: c'est ce qui se construit sur cette conscience véhémente d'exister, seulement d'exister.» L'œuvre s'écrit à l'encre du Fléau, il n'est d'homme qu'excédé à l'inhumain de l'œuvre.

A la question de Perken: «On ne fait jamais rien de sa vie. . . . Qu'attendez-vous de la vôtre?», Claude dans *La Voie Royale* fait cette réponse: «Je pense que je sais surtout ce que je n'en attends pas.» Perken insiste: «Chaque fois que vous avez dû opter, il se . . .». Claude interrompt: «Ce n'est pas moi qui opte, c'est ce qui résiste.» A quoi? demande l'autre. «A la conscience de la mort.» On entend: à l'épouvante lucide de la redite.

Le point de cette résistance, infime, intense, s'appelle «je-sans-moi». L'existence s'efforçant comme une bête à quatre pattes, contre la dissolution de l'identité personnelle, est-ce là la vraie vie, inscrite en pointillés syncopés, en hoquets agonisants, dans le mouvement mou de la vie morte? «J'ai découvert

who choose; it's something in me that resists." "Resists what?" the other asks. "Being conscious of death" (*RW,* 52–53). One understands: to the lucid dread of redundancy.

The minuscule, intense position of this resistance is called "'I' without a self." Existence toiling like a beast on all fours against the dissolution of personal identity: Is this where true life lies? inscribed in syncopated dotted lines? in the hiccoughs of the mortally wounded? in the flaccid movement of dead life? "I suddenly discovered," writes Lazarus, "something other than a life-other. I did not take it for death; but *it speaks of death*" (*Laz.,* 92). This something other speaks of death as close as is possible while continuing to resist in the fetid nothingness where the ego decomposes.

"Belatedly," comments a recovered Lazarus, "I encountered the god of dread. Dread independent of fear, like sexuality independent of any object (except ourselves)" (*Laz.,* 92). Dread, as has been said, is the name Malraux gives to the fascination excited by the vile mire where that which is something dissolves and prepares its renewal. Fear has an object; not dread. "Far beyond fear," he writes, "deep inside me, as much a part of me as the beating of my heart. A sacred horror inhabits us, awaits us, as the mystics tell us that God awaits them. . . . The inner forces which drive us to self-destruction, to shame, provoke despair rather than terror; this force does not drive us to anything" (*Laz.,* 92).

Devoid of any project, subject or rejection other than obstinate existence, the entity that crawls around in the corners of the Salpêtrière Hospital room like Kafka's Gregor and whose memory strikes dread in the ego, this presence that resists the death of presences and whose only test of itself consists of surviving it—this entity is an instant in necrophagous life, a hole in the hideous cycle of reproduction through consumption. Malraux attempts to name this anonymous one: "I encountered it in the way that a psychiatrist discovers within himself the spiders and octopuses of his patient's nightmares. The monster occupied my ruins" (*Laz.,* 92). On all fours within his own tomb,

soudain, écrit Lazare, autre chose qu'une autre vie. Je ne l'ai pas prise pour la mort; mais *elle en parle.*» L'autre chose parle de la mort au plus près, en résistant encore dans le rien fétide en quoi le moi se décompose.

«Après coup, commente Lazare ressaisi, j'ai connu le dieu de l'épouvante. Comme la sexualité indépendante de tout objet (mais non de nous-mêmes), l'épouvante indépendante de toute peur.» Malraux nomme épouvante, on l'a dit, la fascination que provoque la fange immonde où ce qui est quelque chose se dissout et prépare son renouveau. La peur a un objet, l'épouvante non. «Bien au-delà de la peur, écrit-il. Au fond de moi-même, à moi comme la pulsation de mon sang. Une horreur sacrée nous habite, nous attend comme les mystiques disent que Dieu les attend. . . . Les forces intérieures qui nous jettent à l'autodestruction, à la honte, appellent sans doute le désespoir plus que la terreur; celle-ci ne nous jette à rien.»

L'entité, vide de tout projet, sujet et rejet même, sinon qu'elle s'obstine à exister, qui se traîne aux coins de la chambre de la Salpêtrière comme le Grégoire de Kafka, et dont le souvenir épouvante le moi, cette présence résistante à la mort des présences, qui s'éprouve d'y survivre, et seulement ainsi, elle est un instant de vie nécrophage, trou dans le cycle hideux de la reproduction par consumption. Malraux essaie de nommer l'anonyme: «Je l'ai rencontrée [cette épouvante] comme le psychiatre trouve en lui-même la pieuvre, l'araignée, qu'il a trouvées chez ses malades. Le monstre a occupé mes décombres.» A quatre pattes dans son caveau, un homme privé de sa vie d'homme tâte le sol comme si c'était un mur, se love sur la table de chevet qu'il prend pour son lit. Cela existe obstinément, c'est une larve.

Voilà la vérité, quand Dieu est mort et le Moi moribond: reste la bestialité que «je» suis, que le moi ignorait et qui l'épouvantera. Étrange conversion des pôles: pour le moi, la vie, sa vie est vouée à la putrescence; et, tandis qu'il agonise, la vermine en lui résiste, insiste, s'acharne à être. Plus étrange encore: elle dit je. Comme d'une voix qu'il n'y a plus personne pour entendre. Autobiographie de l'araignée, cela n'est pas concevable.

a man deprived of his human life gropes at the floor as if it were a wall, coils himself up on the night stand that he confuses with his bed. This exists, obstinately: it's a larva.

Here is the truth when God is dead and the Ego moribund: there remains the bestiality of an "I am" of which the ego knew nothing and that will presently terrify it. Strange polar conversion: life for the ego—its life—is doomed to putrescence and, as it lies dying, the vermin within it resists, struggling furiously to be. Stranger still: it says "I" as from a voice that no one is left to hear.

An autobiography of the spider is inconceivable. She says "I" yet has no identity. "One has no biography except for others," writes Lazarus (*Laz.*, 74). The monster has no interlocutors. Indeed it endures without being durable, being revealed only in extremis to the "me-that-dies," as Bataille called it.[20] Monster of simplicity or, rather, of the absolute. Without dimension, timeless, connectionless: "incomparable monster" is Kyo's term in *Man's Fate* (*MF*, 50).

Elle dit je mais n'a pas d'identité. «L'on n'a de biographie que pour les autres», écrit Lazare; le monstre est sans interlocuteurs; et endurant certes, mais non durable, découvert seulement à la dernière extrémité, au «moi-qui-meurt», comme dit Bataille.

Monstre de simplicité ou plutôt d'absolu, sans dimension, sans temps, sans rapport, «monstre incomparable», c'est le mot de Kyo dans *La Condition humaine.*

I, the Fact[21]

"I" is that which writes? Yes and no. Belatedly, after the fact. Monstrous and irrelative, experience has it that the "I" does not write. It is nothing. Writing creates links. Whence the aporia: to write as *this* would write. So, it's "I." Not ego. Ego has a proper name, can be situated within dated time and locales, participates in activities and the commerce of phrases, in the human community, in all that perishes and is born again, all that repeats itself. Ego lends its name to the written that *this* does not write, that "I" quasi-writes. Whereas ego countersigns liminal existence, "I," the anonymous, the spider's lieutenant, signs it. With an *X*, a mandibular mark. Signs or, rather, signals existence: the gash signals that I *was* here, within the experience of crude and null existence. Inevitable deferral of writing with respect to experience of the monster. Dread is voiceless, deaf. That's why it cannot lie.

A piece of writing—text, painting, sculpture, music, dance step—freed as much as is possible from linkages, meanings, transferences, separated, without message, devoid of ins and outs: an artifact capable of evoking absolute presence should be such. A piece of writing as absolute as writing (which is relative, by definition) can make it.

Je, le fait

Je est cela qui écrit? Oui et non. Avec retard, après coup. Dans l'expérience, cela n'écrit pas, monstrueux, irrelatif. Il est rien. Écrire met en rapport. D'où l'aporie: écrire comme cela écrirait. Alors, c'est je. Non pas moi. Moi porte un nom propre, se localise dans le temps daté, les lieux dits, participe aux activités, au commerce des phrases, à la communauté des humains. A tout ce qui périt et renaît, se répète. Moi prête son nom à l'écrit que cela n'écrit pas, que je quasi-écrit. Moi contre-signe l'existence limite, mais c'est l'anonyme je qui la signe, en lieutenant de l'araignée. D'une croix, d'une marque de mandibule. Qui la signale, plutôt: l'entaille signale que je y *était*, à l'expérience de l'existence brute et nulle. Inévitable différé de l'écriture sur l'expérience du monstre. L'épouvante est sans voix, sans ouïe. C'est pourquoi elle ne peut pas mentir.

Un écrit—texte, peinture, sculpture, musique, pas de danse—affranchi autant qu'il est possible des enchaînements, des significations, des transferts, sans tenants ni aboutissants, sans message, séparé—tel devrait être un artefact capable d'évoquer la présence absolue. Un écrit aussi absolu que le peut l'écriture, relative par définition.

La poétique, techné de l'art, art de l'art, pose à l'oxymore

To the constitutive oxymoron of art, art's *technè*—poetics —the art of art asks how to determine the thought and willed means for making the mute experience of "'I' without a self" audible without violating its silence. This question must remain without response. The least one can say is that the ego inflicts on itself the discipline of listening before-beyond the audible, of sensitizing itself to that which is insensitive to it. "Supreme beauty in a refined civilization," writes the Chinese character in *The Temptation of the West*, "consists of an attentive inculture of the ego."[22] The fruit of this asceticism is called *lucidity*—the term Malraux adopted from Valéry. It befalls consciousness to assemble and unify diversity while lucidity mercilessly trains a *flash* of light on the worst of it all: Lucifer's eyes yield not. Ego takes care of discourse while "I" sees to asserting that *this* is nothing, that this *is*: unqualifiable. The perfect poem proffers: "There, now!" Such a poetics professes *the fact* as ideal. Trenchant and equivocal term: the fact is simultaneously factual and phony, as if born of a technique under protest. To express the wonderfully impossible cross between a manner of writing and the absolute, the agnostic Malraux steals the theologians' term for that which is unsolvable: creation. A term whispered by Satan.

In his first published article, "Des origines de la poésie cubiste" (1920), Malraux indicates the masters: Apollinaire, Max Jacob, Reverdy, and Cendrars. He adopts cubist poetics in accordance with the way Max Jacob set it down in his preface to *The Dice Cup*.[23] The artwork is tantamount to dice thrown haphazardly into the night. Far from abolishing the nothingness that is history, it takes its chances with an improbable *deal*— one that blind chance has not yet composed in living form. The artwork "means nothing." It is a singular, unexpected arrangement of its constituent elements: words in literature; shapes and colors in painting. It relates to no reference, history, event, or perceptual reality that might have come before it. It in no way expresses the subjectivity of its "author." No representation, no expression. And, because it signifies no preexisting "ideas," no symbolism either. No meaning or celebration. Max Jacob chris-

constitutif de ce dernier la question qui doit rester sans réponse: déterminer les moyens pensés, voulus de faire entendre l'expérience muette du je-sans-moi, sans violer son silence. Le moins est que le moi s'inflige la discipline d'écouter en deçà-au-delà de l'audible, de se rendre sensible à ce qui lui est insensible. «La suprême beauté d'une civilisation raffinée, écrit le Chinois de *La Tentation de l'Occident*, c'est une attentive inculture du moi.» Le fruit de cette ascèse se nomme lucidité, un mot de Valéry, que Malraux fait sien. A la conscience revient d'assembler et d'unir le divers, tandis que la lucidité jette un flash de lumière sans complaisance sur le pire: les yeux de Lucifer ne fléchissent pas. Au moi, le discours; au je, l'assertion que cela est rien, que cela *est*, inqualifiable. Le poème parfait profère: voici. Une telle poétique professe pour idéal *le fait*. Terme tranchant et équivoque: le fait est factuel et factice tout ensemble, comme issu d'une facture qui serait protestée. Pour dire la combinaison merveilleuse, impossible, de la manière d'écrire avec l'absolu, Malraux l'agnostique dérobe aux théologiens leur mot pour l'insoluble: création. Mot soufflé par Satan.

En 1920, son premier article publié, «Des origines de la poésie cubiste», désigne les maîtres: Apollinaire, Max Jacob, Reverdy et Cendrars. Il fait sienne la poétique cubiste telle que Max Jacob la fixe dans la Préface du *Cornet à Dés*. L'œuvre est un coup de dés jeté dans le hasard de la nuit. Elle n'abolit pas le néant qu'est l'histoire, elle y risque une *donne* improbable, que le hasard aveugle n'a pas encore composée en forme d'existant. L'œuvre ne «veut rien dire», elle est un agencement singulier, inattendu, des éléments qui la constituent: les mots en littérature, les couleurs et les formes en peinture. Elle ne se rapporte à aucune référence, histoire, événement, réalité perceptive, qui lui serait antérieure. Elle n'exprime nullement la subjectivité de son «auteur». Pas de représentation, pas d'expression. Et pas non plus de symbolique: elle ne signifie pas des «idées» préexistantes. Pas de signification, ni de célébration. Max Jacob la baptise «poème en prose», ce que Baudelaire peut-être recherchait et qu'il n'a pas trouvé. Prosaïque parce que l'écrit prend

tens it "prose poem": something that Baudelaire perhaps sought but didn't find. Prosaic because the writing draws its elements from ordinary language just as cubist painting draws its elements from the prose of the visible. Poetics and poematics because words unset from contexts and usages and grouped into a little dense and hard mass like a "jewel," says Max Jacob, such words compose a writing equivalent to *fact*: *poiein* means to make.

Such an art is openly opposed to the surrealist (or supposed so) belief that the unconscious is the foreman and that automatic writing or the chance of collages should release it. "I hold what we call the unconscious," declares Malraux, "to be confusion itself."[24] The account of a psychoanalytic cure is more violent than any confession, and certainly it doesn't constitute an artwork. The prose poem is indeed a toss of the dice but one worked, according to Max Jacob, by "style": "The style or will creates, that's to say separates" (7). Style is not the man, as Buffon thinks, but his elimination. "Artists, today," writes Apollinaire, "must become inhuman."[25] To the demand of style, Max Jacob adds the requirement that the artwork be "situated": "The situation distances, that is, it excites the artistic feeling" (7). Thus he summarizes the effect of this twin demand: "One recognizes that a work has style if it gives the sensation of being self-enclosed; one recognizes that it's situated by the little shock that one gets from it or again from the margin which surrounds it, from the special atmosphere where it moves" (7).

"The use of materials and . . . the composition of the whole" (ibid., 6): in the final analysis, this is a classic definition of style. The following, which is less so, may cause confusion: "the will to exteriorize oneself by one's chosen means" (ibid., 5). The exteriority obtained by extracting linguistic ore from its gangue and polishing it owes nothing to the expression of some inner ego. Malraux reminds us that one doesn't create in order to express oneself.[26] And Jacob: poetic "will can only be exercised on the choice of means, because the work of art is only a collection of means" (6). A formulation, once again, that can cause misunderstanding—the kind to which Malraux some-

ses éléments dans la langue ordinaire, comme la peinture cubiste emprunte les siens à la prose du visible. Poétique ou poématique parce que, dessertis des contextes, des emplois, et groupés en une petite masse dense et dure—comme un «bijou», dit Max Jacob—les mots composent un écrit ayant valeur de *fait*: *poiein*, c'est faire.

Cet art est ouvertement opposé à la croyance surréaliste (ou supposée telle) que l'inconscient est le maître d'œuvre et que l'écriture automatique ou le hasard des collages doivent le laisser faire. «L'inconscient, déclare Malraux, est la confusion même.» Le compte rendu d'une cure psychanalytique est plus violent que toute confession, il ne fait pas une œuvre. Le poème en prose est sans doute un coup de dés, mais soumis au travail du «style», selon Max Jacob: «Le style ou volonté crée, c'est-à-dire sépare.» Le style n'est pas l'homme, comme pense Buffon, il en est l'élimination. «Les artistes aujourd'hui, écrit Apollinaire dans *Les Peintres cubistes*, ont à se rendre inhumains». Max Jacob ajoute à l'exigence de style la consigne que l'œuvre soit «située»: «La situation éloigne, c'est-à-dire excite à l'émotion artistique.» Il résume ainsi l'effet de la double requête: «On reconnaît qu'une œuvre a du style à ceci qu'elle donne la sensation du fermé; on reconnaît qu'elle est située au petit choc qu'on reçoit ou encore à la marge qui l'entoure, à l'atmosphère spéciale où elle se meut.»

«Mise en œuvre des matériaux et composition de l'ensemble», cette définition du style reste somme toute classique. Ceci, qui l'est moins, prête à confusion: «Volonté de s'extérioriser par des moyens choisis.» L'extériorité obtenue par extraction du minerai langagier hors de sa gangue, et lustration, ne doit rien à l'expression du moi intérieur. «On ne crée pas pour s'exprimer», rappelle Malraux. Et Jacob: la volonté poétique «ne peut s'exercer que par le choix des moyens, car l'œuvre d'art n'est qu'un ensemble de moyens.» Formulation qui, derechef, peut donner lieu à méprise et dont Malraux est parfois victime quand il arrive que la recherche du procédé absorbe tout son art d'écrire et de lire.

times falls victim when it happens that his search for a process absorbs his entire art of writing and reading.

As to the "situation," this shields the work from the impatience of the reader eager for appropriation by setting up a "spiritual margin" (ibid., 7). What can the poet expect from this distanciation?—That the amateur's desire will only be exacerbated as when spurned by a coquette? Without doubt. But, in addition, that the halo of oddity will convert the massive transferential motion into artistic emotion. Intensely, severely, writing *distracts* the ego, shields it from the misery of plots. So much so that the ego is converted from an absentee of realities into a very real visionary of Absence: Jesus appears before Jacob on the wall of his room.

The least one can say is that this epiphany is unnecessary for nihilist poetics, which aspires to the scarcely more modest ambition of having the artwork be here—present to "real" presence, as truly "poetic fact," as Reverdy wrote just when Braque was jotting down in his *Notebooks* that a painting derives all of its value from being a "pictural fact."[27] Yet, given that it constitutes a hole in perceptual space-time and discursive reason, what does the artwork have to do with a fact?—Everything, precisely, by the naked fact of existing that the "'I' without a self" experiences while the ego lies dying in the Salpêtrière Hospital: "the convulsive 'I am'" (*Laz.*, 79). That which resists: "There, now!" The haiku, a wash whose substance is liminal: their silence defies reading, absolutely. *The Voices of Silence*: "The great work of art is not wholly identical with truth, as the artist often believes. It *is*. It has issued forth. Not something completed but a birth—life confronting life on its own ground" (*VS*, 461). It has neither nature nor property.

The artwork breaks with convention, with the commonplace, with the flow. It is obtained through a conscious and conscientious labor that relentlessly endeavors to lay bare the ego. Through art the human bends its will to strive toward this inhuman that sometimes forces it wide open.

La «situation», quant à elle, soustrait l'œuvre à l'impatience du lecteur avide de se l'approprier, en lui opposant une «marge spirituelle». Qu'attend le poète, de cette distanciation? Que le désir de l'amateur s'exacerbe, comme au refus d'une coquette? Sans doute mais aussi qu'à la faveur du nimbe d'insolite, la lourde motion transférentielle se convertisse en l'émotion artistique. L'écriture, intensément et sévèrement, *distrait* le moi, le soustrait à la misère des intrigues. Au point que, d'absent aux réalités, un léger vertige le convertit en visionnaire très réel de l'Absent: Jésus apparaît à Jacob sur le mur de sa chambre.

Cette épiphanie, pour le moins, n'est pas nécessaire à la poétique nihiliste. Celle-ci a pour ambition, à peine moins modeste, que l'œuvre soit là, présente de présence «réelle», «fait poétique», écrit Reverdy au moment où Braque, dans ses Carnets, note qu'une peinture tient toute sa valeur d'être un «fait pictural». Qu'a-t-elle pourtant d'un fait, l'œuvre, elle qui fait trou dans l'espace-temps des perceptions et dans la raison des discours? Tout du fait nu d'exister, précisément, qu'éprouve le je-sans-moi tandis que le moi meurt à la Salpêtrière: «la convulsive "Je suis".» Cela qui résiste, voici. Le haïku, un petit lavis insubstantiel, leur silence défie absolument les lectures. *Voix du silence*: «La grande œuvre d'art n'est pas tout à fait vérité comme le croit l'artiste: elle *est*. Elle a surgi. Non pas achèvement, mais naissance. Vie en face de la vie, selon sa nature propre.» Elle n'a pas de nature, ni de propriété.

L'œuvre s'arrache au convenu, au courant, à la coulée, s'obtient par un travail conscient et consciencieux qui s'acharne à dénuer le moi. Dans l'art, l'humain ploie sa volonté à s'efforcer vers l'inhumain qui le force parfois.

Scene

What Malraux often refers to as the obsession of an artist or a writer does not (or not only) designate the state of a psyche besieged by phantasms and by a phobia about the fetid. The obsession to write, in the precise sense of *ex-scribing*, as Jean-Luc Nancy pronounces it,[28] of writing the exceeding of the ego by nothingness—this obsession cannot originate in a tendency suffered as in the case of illness. Here, in this case, the exile ordered by the suffering of excess is meant energetically. The intention tightens, resolutely, and, in the world of subordination, obstinately invents the means for figuring the null *beyond* on appeal. The will musters all of the energy dispersed among vain tasks aimed at survival—tasks doomed to perish, to rot, and to begin again by the cycle of the same. The will concentrates these scattered forces and launches them with the unique and remarkable objective of provoking the appearance of "nothing." Art is the exercise of this war: it requires a sort of army, the *exercitus* of a Loyola, of a Max Jacob. A disciplinary poetics, useful only for francs-tireurs of language, *expediti* fighters, lightly armed, acting by their wits alone, carrying out raids on the ego's fortress, in a flash they breach the pompous system,

Scène

Ce que Malraux nomme souvent l'obsession d'un artiste ou d'un écrivain ne désigne pas, ou pas seulement, l'état d'une psyché assiégée par les fantasmes, et la phobie du fétide. L'obsession d'écrire au sens exact d'*excrire*, comme le prononce Jean-Luc Nancy, d'écrire l'excédence de rien sur moi, ne saurait procéder d'une disposition subie comme dans la maladie. Ici, l'exil intimé par la souffrance de l'excès se veut avec énergie. L'intention se tend résolument et s'obstine, à inventer les moyens de figurer, dans le monde de la soumission, l'au-delà nul en appel. La volonté ramasse toutes les énergies dissipées aux tâches vaines de la survie, vouées par le cycle du même à périr, à pourrir et à recommencer, elle concentre les forces éparses et les lance sur l'objectif unique et singulier de provoquer «rien» à se manifester. L'art est l'exercice de cette guerre, il lui faut une espèce d'armée, l'*exercitus* d'un Loyola, d'un Max Jacob. Poétique disciplinaire, juste utile à des francs-tireurs de la langue, combattants *expediti*, armés à la légère et expédients, opérant par raids contre la forteresse du moi, ils font brèche d'un trait dans son pompeux appareil, juste le temps de surprendre le dur zéro de sens que les discours camouflent.

in time to take the tenacious zero of meaning hidden under the camouflage of discourse by surprise.

Europe was idle in the 1920s, on ideological recess, its great construction sites of the future abandoned. Modernity lay dying, poisoned by the suspicion that it nourished against itself. *The Temptation of the West* and "D'une jeunesse européenne" were bleak analyses of the crisis—analyses that the near future would show to be perspicacious. But what counts more than this anticipation is Malraux's immediate transformation of staged idleness into an artwork. Dramaturgy of the epistolary genre, in this case the correspondence between two travelers—a Chinese in Paris, a Frenchman in China—whose experiences are exchanged and intermingled in order to signify that nonsense has spread planet-wide. Although formally classical, the challenge is no less present: despairing of contents, on the brink of losing its composure, writing makes manifest its knowledge of its own deauthorized state, of its birth from nothingness, of its destiny in nothingness. However it proceeds, it remains that it must infer the presence of a remainder omitted, from the outset, by discourse: the nothingness that discourse sutures. Idleness does not induce the death of works (to the contrary: witness the proliferation of avant-gardes); rather, it requires lucidity in the invention of procedures. Nihilism is admittedly a pretext for whining: endless discourse about the end of everything—starting with art. Blessed desert, nevertheless: more than ever, within this vacuum of meaning, literature and the arts practice their arrangement of materials into works, confident as they are that works still stupefy, have always stupefied, by putting forward no secret in the investigation and no objection against it. Because it is made for questioning, form (or whatever stands in for it) harbors and suggests the *beyond* of answers—silence, being zero. Thus the artwork is *here*: fact invulnerable to redundancy, the tiresome repetition of motifs.

Even if he had wanted to, Malraux could not have persevered in his initial impulse toward cubism. Even his very first writings—*Paper Moons* and other such tales[29]—already lapse

Dans les années vingt, l'Europe est désœuvrée, en va-
cances d'idéaux, les grands chantiers d'avenir abandonnés. La
modernité agonise, empoisonnée par le soupçon qu'elle nourrit
contre elle-même. *La Tentation* et «Jeunesse européenne» dres-
sent un bilan noir de la crise, que l'avenir proche avérera per-
spicace. Mais ceci importe plus que l'anticipation: Malraux fait
aussitôt œuvre, à mettre en scène le désœuvrement. Drama-
turgie du genre correspondance, en l'occasion, entre deux vo-
yageurs, chinois à Paris, français en Chine, dont les expériences
s'échangent et se confondent pour signifier que le non-sens
s'étend à la planète. La forme est encore classique, le défi n'en
est pas moins là: désespérant des contenus, au bord de perdre
contenance, l'écriture manifeste qu'elle se sait désautorisée,
venue de rien, allant à rien. Par quelque moyen qu'elle procède,
il lui reste à faire sous-entendre la présence d'un reste, omis
d'emblée par le discours: le rien que celui-ci suture. Désœuvrement n'entraîne pas mort des œuvres (au contraire, qu'on voie
proliférer les avant-gardes), requiert lucidité dans l'invention
des procédures. Motif à jérémiades, certes, le nihilisme, on dis-
serte sans fin sur la fin de tout, à commencer par l'art. Désert
béni pourtant: dans le vide du sens, la littérature et les arts
s'exercent plus que jamais à agencer les matériaux en œuvres,
dans la certitude que celles-ci stupéfient, ont toujours stupéfié,
de n'opposer aucun secret à l'investigation, de lui opposer rien.
La forme, ou ce qui en tient lieu, parce qu'elle est question,
recèle et suggère l'au-delà des réponses, le silence, être zéro.
Alors l'œuvre est *là*, fait invulnérable à la redite, au ressasse-
ment des motifs.
　　L'aurait-il voulu, Malraux n'aurait pas pu persévérer dans
son cubisme de principe. Même les tout premiers écrits, *Lunes
en papier* et autres contes semblables, versent trop dans l'intrigue et la démonstration. Et que dire des romans . . . La narration est éloquente en elle-même, évoque des réalités, serait-
ce pour dénoncer leur vanité, emploie les mots selon leurs
contenus, et les agence d'un bout à l'autre du récit en vue de
produire le sens d'une eschatologie. Genre moderne par excel-

into plot and demonstration. And what should be said of his novels? . . . Narration is in itself eloquent. It evokes realities even if to subsequently denounce their futility. It uses words as a function of their content and arranges them from one end to the other of the narrative with the aim of providing a meaning for an eschatology. A genre that is modern par excellence, diametrically opposed to the poetics of a Jacob or a Reverdy. As excuse for Malraux's inclination toward the epic novel, it is said that the man was too gripped by world events, haunted by infamy, scandalized by injustice, and committed to fighting it to kiss history good-bye and withdraw to the retreat of pure poetry. This reasoning based on temperament is futile, especially here. Far from expressing life as given, the work imposes the life that should be onto the work.

After 1939 he writes no more novels. Recounting things is heretofore superfluous. Writing meditates the enigma of writing. It strives to reveal the wonder of the *fact* be it literary, artistic, historical. It exerts itself in order to demonstrate how the absolute—which is nothing—is "converted" into artifacts.

Even the novels, for all that, are more dramatic than they are narrative. Focused on the mise-en-scène of dramatic moments, they show rather than tell. The realist consistency of the characters is neglected: any oddity or tic is enough to identify them. They represent various aspects of a conflict whose acme is marked by these instances. The drama is always the same: the will for the artwork or the poem grapples with destiny, with the already said, with the repetition of the same. On every stage a single convulsion: mortally wounded subject, monster within resisting.

Shots cut, centered, and edited according to the boldness of the filmmaker, the reporter, the page maker, all of whom are more concerned with the striking effect than with the narrative coherency. His manner of styling and of situating the raw material in order to metamorphose it into *fact* still proves cubist. This way of staging anticipates, in and of itself, the way out of the staged crisis: the illusory unity of the ego, of the "we," of

lence, aux antipodes de la poétique de Jacob ou de Reverdy. On dit, pour excuser l'inclination à l'épopée romanesque, que Malraux, l'homme, est trop happé par le monde, hanté par l'infamie, scandalisé par l'injustice et engagé à la combattre, pour faire son deuil de l'histoire et se retirer dans l'ermitage de la poésie pure. Ces raisons de tempérament sont futiles, surtout ici. L'œuvre n'exprime pas la vie donnée, elle impose la vie qu'il faut à l'œuvre.

Apres 1939, il n'écrit plus un roman. Désormais superflu de raconter. L'écriture médite l'énigme de l'écriture; essaie de montrer la merveille du *fait*, littéraire, artistique, d'histoire; s'essouffle à faire entendre comment l'absolu, qui est rien, se «monnaie» en artefacts.

Au demeurant, les romans mêmes sont plus dramaturgiques que narratifs. Ils font voir plutôt qu'ils ne racontent, centrés sur la mise en scène de moments dramatiques. La consistance réaliste des personnages est négligée: une bizarrerie, un tic suffit à les identifier. Ils représentent les différents aspects d'un conflit dont ces instants marquent l'acmé. Le drame est toujours le même: la volonté d'œuvre, ou le poème, aux prises avec le destin, le déjà dit, la répétition du même. Sur toutes les scènes, une seule convulsion: sujet agonisant, monstre en lui qui résiste.

Plans découpés, cadrés et montés selon des hardiesses de cinéaste, de reporter, de metteur en page, plus soucieux de frapper que d'assurer le suivi narratif. La façon s'avère cubiste encore, de styler et de situer le donné pour le métamorphoser en *fait*. Cette manière de mettre en scène anticipe d'elle-même l'issue de la crise mise en scène: l'illusoire unité du moi, du nous, de leur histoire est brisée en éclats, la vérité gît dans leur acuité précaire. Miroir de limbes: les prétendus mémoires subissent le même traitement. L'axiome d'agencement du vécu par plans critiques court-circuite l'ordre du calendrier et viole le principe de fidélité à la réalité passée. L'intensité des instants d'exister s'écrit antimémoire.

La stricte poétique du *fait* s'étend très au-delà de la littéra-

their history, is shattered; truth is lodged in their precarious acuteness. Mirror of limbo: the putative memoirs suffer the same treatment. The axiom of arranging bits of lived experience into critical shots short-circuits chronological order and violates the principle of faithfulness to reality past. The intensity of instantaneous existence is spelled antimemoir.[30]

This strict poetics of the *fact* extends well beyond literature and art into the realm of politics and History. Already in 1926, following his return from Indochina, Malraux is convinced that the principal value of anticolonial (and, soon, antifascist) action lies in helping subjugated peoples to rise up. He doesn't pay much attention to the success of a rebellion: even victorious, it must succumb to the monotonous redundancy of powers, intrigues, abjection. But resistance, in itself, is a metamorphosis—as if a quasi-poetic *fact* were affirmed in nothingness, from nothingness, with the indubitable certainty that this nothingness constituted by the humiliated multitudes, that *this* exists. Grandeur, so-called—the enigma of such a posture that acts decisively from within the mire—is, in Malraux's view, the lot of the humble. Not that he is a humanist. To the contrary: the sole companion of the separated ones, the down-and-out, the offended ones is the inhuman.

(Well known is that he is not a politician. But he is not political either. He is incapable of believing in radiant futures.)

His writing is not tragic but dramatic. No *fatum* commands from the outset the development or fulfillment of a singular life or guides it to its end. No Olympus for protecting or destroying the hero regardless of whether subjection to some god's intention is revealed in the end or not. The gods are dead. "Destiny," in Malraux, fulfills the will of no superior; life pays no debt to any Tale. Rather, it is a seizure of the ego, of the "we," by universal and mute reproduction of the same.

Dramatic, on the other hand, is the artwork's irruption into the monotonous course of redundancy. In drama nobility and humble people, princely apartments and sculleries intermingle.[31] Suffering, lamentation, and joking do the same in

ture, et de l'art, jusqu'au domaine dit politique, ou de l'Histoire. Dès 1926, après le retour d'Indochine, Malraux est convaincu que la principale valeur de l'action anticoloniale (ou bientôt antifasciste) consiste à aider les peuples soumis à se dresser. Le succès de la rébellion, il n'en fait pas grand cas: victorieuse, elle succombe à la monotone redite des pouvoirs, des intrigues, des abjections. Mais résister est en soi une métamorphose, comme si un *fait* quasi poétique s'affirmait, dans le rien et du rien, avec la certitude indubitable que ce rien que sont les humiliés, cela existe. Aux yeux de Malraux, ladite «grandeur», l'énigme d'une telle tenue, qui tranche dans la fange, est le lot des petits. Non qu'il soit humaniste, au contraire: seul compagnon des séparés, miséreux, offensés, c'est l'inhumain.

(Il n'est pas politicien, on le sait. Mais il n'est pas un politique. Ne peut pas croire aux lendemains.)

L'écriture n'est pas celle de la tragedie mais du drame. Nul *fatum* ne commande d'origine le développement, l'accomplissement d'une vie singulière et ne la conduit à sa fin. Pas d'Olympe pour protéger ou perdre le héros, que l'intention du dieu, subie, soit ou non révélée à la fin. Les dieux sont morts. Le «destin» chez Malraux n'accomplit pas la volonté des supérieurs, la vie ne paie pas la dette à leur Dit. Il est la mainmise sur le moi, sur le nous, de la reproduction du même, universelle et muette.

Dramatique en revanche est l'irruption de l'œuvre dans le cours monotone de la redite. Dans le drame se mêlent noblesse et petit peuple, appartements princiers et cuisines. Au théâtre de Shakespeare, on souffre, on se lamente, on plaisante. L'humour biaise la vertu, l'honneur de résister sourit. Qu'au fond de tout soit rien, quelle angoisse, et quelle farce! Sous le mélange des genres, une autre mêlée s'agite, dont l'œuvre s'instaure et qui lui lègue toujours son accent dramatique. Pourquoi des œuvres, la question est oiseuse. Le fait est—c'est le cas de le dire, le seul cas—que des images, des écrits, des musiques, des formes de communauté, issus de rien, font la guerre avec ce rien. Malraux veut et ne veut pas nommer cette énigme. Dans

Shakespeare's theater. Humor causes virtue to veer; the honor of resistance smiles. What anguish yet what farce to discover that at the bottom of it all is nothing! Beneath the mixture of genres another mêlée brews—one from which the artwork gets inaugurated, one that still bequeaths to it a dramatic accent. Why artworks?—Idle question. The fact is—and if ever it were justified to say so, this is it—that images, writings, music, forms of community, all born of nothing, make war with this nothing. Malraux both wishes and does not wish to name this enigma. In the early work—*The Conquerors* and *The Royal Way*—he sometimes appeals to a "force"—the "forces of the desert." But what is this?—Yet another physical and metaphysical entity, an object put forward for inane veneration. . . . Let us cut credulity short, even Nietzschean credulity. There is a fact: the artwork. It testifies for nothing. It arises out of a sinister quarrel with idleness. Out of a battle of the deserted "spirit" with and against the desert, out of a mêlée. Out of the spirit or the ego.

The "why" of artworks is unknown, but Malraux has ideas about how, from incessant and viscous deferral, the improbable "There, now!" of a piece of writing, a painting arises. So many ideas that he goes on endlessly, amassing thousands of pages for the "Psychology of Art" essays.[32] These ideas amount to but one. One of its driest formulations can be found in the preface he wrote in 1935 to Andrée Viollis's anticolonialist indictment, *SOS Indochine*.[33] In our days of flatulent vacuity, what raises the artwork—its Greek *stulos*—and what seals it—its Latin *stilus*—style, therefore, is achieved through ablation. Romanticism, symbolism, and psychologism compensate for the paucity of reality that comes from the world as given by substituting another world for it—a world that is fictive yet full of meaning, sometimes tragic, always eloquent. If it is to be worthy of the void, the poetics of the present rejects these "metaphors" and labors "elliptically." As in film and major international reporting, this poetics isolates certain remarkable sequences out of everyday life and composes them by means of

les débuts, *Les Conquérants, La Voie Royale,* il en appelle parfois à une «puissance», aux «puissances du désert». Mais qu'est-ce que cela? Encore une entité physique et métaphysique, un objet proposé à la vénération niaise. . . . Coupons court à la crédulité, même nietzschéenne: il y a un fait, l'œuvre. Elle ne témoigne pour rien, elle s'érige d'un obscur démêlé avec le désœuvrement. D'une bataille de «l'esprit» déserté avec et contre le désert, d'une mêlée. De l'esprit ou du je.

On ne sait pas pourquoi des œuvres, mais comment s'érige l'improbable *Voici* d'un écrit, d'un tableau à partir du différé incessant et visqueux, Malraux a des idées là-dessus, tellement qu'il n'en finit pas d'entasser par milliers les pages de ses essais de «Psychologie de l'art». Ces idées n'en font qu'une. On en relève l'une des plus sèches formulations dans la préface qu'il fait en 1935 au réquisitoire anticolonialiste d'Andrée Viollis, *SOS Indochine.* Ce qui érige l'œuvre, son *stulos* grec, et ce qui la cachette, le *stilus* latin, le *style* donc, s'obtient, en nos temps de disette flatulente, par ablation. Le romantisme, le symbolisme, le psychologisme suppléent au peu de réalité du monde donné en lui substituant un autre monde, fictif mais plein de sens, tragique parfois, toujours éloquent. La poétique du présent, si elle doit être à la mesure du vide, rejette ces «métaphores» et travaille par «ellipses»: comme le cinéma ou le grand reportage, elle isole dans la vie quotidienne certaines séquences remarquables et les compose au moyen de «rapprochements saisissants». Une coupure de journal, un gros plan, une anecdote n'avaient pas leur place en tant que tels dans les œuvres passées, qui les transposaient. Ils forment le matériau élémentaire dont l'art contemporain souligne au contraire la factualité brute en les dégageant de l'intrigue qui les enveloppe. L'ellipse éclipse le mouvement apparent du sens, et son support, le moi.

Les écrits de Malraux, romans, essais sur l'art, oraisons funèbres, et même sa critique littéraire, sans compter le film *Sierra de Teruel,* sont tous façonnés de la sorte: repérage de scènes, cadrage, tournage et leur montage. Jamais la vision n'oc-

"striking comparisons." A newspaper clipping, a close-up, an anecdote—none of these, as such, had their place in artworks of the past that transposed them: to the contrary, they constitute the elementary material whose raw factuality contemporary art underscores by clearing them out from the plot surrounding them. The ellipsis eclipses the apparent movement of meaning and the ego—its support.

Malraux's writings—his novels, essays on art, funeral orations, even his literary criticism, not to speak of his film, *Sierra de Teruel*[34]—are all fashioned in this way: identification of scenes, centering, filming, montage. Never does the vision distort the ordinary of the visible: it reedits its field, seizes on some detail (which Malraux uses amply as illustrations in his writings on art), and, oblivious to continuity, joins it with another. Being neither necessary nor even consistent, aforementioned reality lays down its arms. It too had its origins in a montage—a montage meant to comfort the ego by furnishing it with the appearance of some legible consistency. Colors, forms, sounds, and voices become organized into stories—long and short—that deploy their meaning. The poetics of the ellipsis forces the real world to confess that it is an illusion: the screen of the familiar had obsessed the nil.

Yet another formalism, one might say. A direct descendant of the Cubists, the Suprematists, the Expressionists (to mention a few) from whom Malraux indeed draws his inspiration. Now, the various formalisms were military schools where one practiced attack strategies against whatever came up by way of response to questions about painting, writing, putting to music or dance, staging. When writing breaks through the front formed by realities, isolates and surrounds some element as one might a slip of the tongue, shifts it by means of some compressed turn of phrase and sets it ablaze by juxtaposing it with some other element, writing is exercising a "simple art consisting entirely in its execution," like Napoleon at war—with the small difference that the enemy is not the Austrian but the raw material. How to receive a gift that is not a lie when the

culte l'ordinaire du visible, elle redécoupe son champ, saisit un détail (dont Malraux fait grand usage dans les illustrations de ses écrits sur l'art), et le compose avec un autre, sans égard pour la continuité. Ladite réalité rend les armes: elle n'était pas nécessaire ni même consistante, elle procédait, elle aussi, d'un montage mais propre à fournir au moi, pour son confort, l'apparence d'une consistance lisible. Couleurs, formes, sons et voix s'organisaient en histoires, courtes ou grandes, qui déroulaient leur sens. La poétique de l'ellipse force le monde réel à confesser qu'il est un leurre: l'écran du familier obnubilait le nul.

Encore un formalisme, jugera-t-on, issu tout droit des cubistes, suprématistes, expressionnistes, j'en passe, dont Malraux se réclame en effet. Or donc, les formalistes furent des écoles de guerre où s'exerçaient des stratégies d'attaque contre ce qui se présentait en guise de réponse aux questions de peindre, d'écrire, de musiquer et de danser, de mettre en scène. Quand l'écriture fait sa percée dans le front des réalités, isole et cerne un élément comme on ferait d'un lapsus, le déplace par un raccourci et l'embrase en le rapprochant d'un autre, elle pratique «un art simple et tout d'exécution» comme Napoléon la guerre, à ceci près que l'ennemi n'est pas l'Autrichien, c'est le donné. Quel don recevoir en effet qui ne soit pas mensonge quand le donateur a disparu? La poétique élémentaire de l'ellipse se soutient, si l'on peut dire, d'une ontologie du néant.

L'anacoluthe, que l'auteur des *Antimémoires* prise si fort dans la *Vie de Rancé*, débride au couteau les lèvres que les transitions, les continuités et les consécutions scellent sur l'absence de sens. Elle impose silence au verbiage des intrigues et laisse bruire le mutisme qu'il couvre. L'artiste est en arrêt, sur le pas, il n'a rien à exprimer, il saute sur l'occasion, plante sa griffe à même l'événement, et le signe. Ce qui se présentait *ready made*, le paraphe le mue, parfois, en une œuvre. Celle-ci est la réalité balafrée, court-circuitée un instant avec elle-même, bouche blessée qui bée sur le vide. L'écriture fait scène par suppression du disert imbécile. Étant ablative, c'est elle-même toujours qu'elle met en scène: la convulsion du rien voulu avec l'ordre

giver has vanished? The elementary poetics of the ellipsis is sustained, if one may say so, by an ontology of nothingness.

As with a knife, the anacoluthon—which the author of *Anti-Memoirs* prizes so in *La Vie de Rancé*[35]—incises the lips sealed on the absence of meaning by transitions, continuities, and consecutions. It imposes silence on the verbiage of intrigues and allows to murmur the mutism that it covers. The artist stands transfixed at the threshold. Having nothing to express, he jumps at the occasion, plants his claw right into the event, and signs it. Occasionally, the paraph transforms what presented itself *ready-made* into an artwork. And the artwork is reality gashed, short-circuited at a given moment on itself, a wounded mouth gaping over the void. Writing creates its scene by suppression of imbecilic loquaciousness. Being ablative, it is always itself that it stages: the coupled convulsion of nothing willed coupled with submission to the order of things. Heroes, characters from novels, artists and essay writers: walk-ons in a crisis that assigns itself with their roles, a crisis in which the following intertwine and double up together: a limy "given," temperament, tradition, context, and a will to style, naked—for nothing.

des choses subi. Les héros, personnages des romans, artistes et écrivains des essais: figurants d'une crise qui se distribue sur leurs rôles, celle où s'emmêlent et se tordent ensemble une «donnée» gluante, tempérament, tradition, contexte, et une volonté de style, nue, pour rien.

War

If Malraux's strategy as a writer owes anything to formalisms, it is not that he follows their instructions for combat: it is, rather, in their common affirmation of the sovereignty of writing. He distrusts manifestoes and treatises: their war is yet too chatty. That war is like politics, always going on saying that things are going badly in order to promise that afterward things will go much better. Wars and revolutions are, for Malraux, but opportunities—opportunities for writing of crisis, for placing blanks around moments of our condition at its most intense, for haltingly tightening up short scenes in which the fact that we die and write for nothing can be felt. Ingenuous critics, from the right as well as the left, are surprised that in great battle scenes he never depicts the adversary. This is because the enemy is victorious! The only enemy is the victor, always already victorious. It isn't one side or another that wins the war but war itself: the old creature that stifles all questioning and releases longing for belief and affiliation over and against that which attempts to rise up. Vileness cannot be checked: it's just too sticky.

Man's Hope and *Man's Fate* have been read as narratives of war whose chronology was disarticulated by a needlessly perverse author in order to lead the reader astray. Why did he not

Guerre

La «stratégie» de Malraux écrivain, si elle doit quelque chose aux formalismes, c'est plus en affirmant avec eux l'écriture souveraine qu'en suivant leurs instructions pour le combat. Il se méfie des manifestes et des traités, leur guerre est encore trop bavarde, elle est comme la politique qui raconte toujours que ça va mal pour promettre qu'après, ça ira mieux. Les guerres et les révolutions ne sont à Malraux qu'occasions (et l'on conçoit combien les plus fins de ses compagnons, et les plus engagés dans ces conflits, purent le haïr), occasions à écriture de crise, à entourer de blancs les instants de l'intense condition, à crisper par saccades de courtes scènes où s'éprouve qu'on meurt et qu'on écrit pour rien. Le critique ingénu, droite ou gauche, s'étonne que l'adversaire ne soit jamais dépeint dans les grands tableaux de bataille. Mais c'est qu'il est vainqueur, l'ennemi! Le seul ennemi, c'est le vainqueur, toujours déjà vainqueur. Ce qui gagne la guerre n'est jamais un parti, c'est la guerre, la vieille bête qui asphyxie toute mise en question et déchaîne l'avidité de croire et d'adhérer contre ce qui essaie de se lever. On ne campe pas l'immonde, il colle.

On a lu *L'Espoir* ou *La Condition humaine* comme des récits de guerre dont un auteur inutilement pervers aurait désar-

recount those struggles as they actually played out?—For the simple reason that the struggle was not what was being played out. War is not the confrontation one thinks it is. The battle-field is not a place, nor are the adversaries forces facing off and recognizable by their colors. The humiliated and offended party that resists the victor is not afraid of him: he sustains a dread that is foreign to adversity. Like Kassner, Ch'en, or Kyo with whom, at decisive moments, an abject tide of octopuses and spiders rises up.[36] If the horror of war did not touch what is most intimate in us, what wrong would we sustain? Of what suffering could we complain? What strings would the horror touch? The scenes of actual war that Malraux cut and edited are not battle scenes in their proper order. The elliptical turn indicates a vague *différend* from which there is no exit: a mêlée, a monster of ambivalence, the tightest entanglement of putative opposites, like the complicity of a throat with what throttles it and against which it resists. For style rises to the vibration of si-lence alone.

The "monster [who] occupied [the] ruins" of a Lazarus who lies dying is no glorious adversary, no "other," writes Mal-raux. It is rather "I," an "'I' without a self," a reptilian cerebel-lum that goes on guiding me around when my human will is already reduced to nothing. The archaic creature is the same scum as the vermin that will come swarming across my re-mains. Its resistance to my death, suspending it for an instant on the threshold, *is* also my death. The creature signs "I" be-cause it lets the ego be killed and because it signs a truth that the ego can only glimpse when it is mortally wounded. The "I" is of writing.

The scene of all scenes is this one: writing arising straight off abjection—thanks to abjection, in defiance of it. Bravura alone justifies this wager: Dare to sustain anguish to the very end and perhaps the poem will write itself. With a pen, a gun, or the smile of a cat like that of the old woman at the end of *The Walnut Trees of Altenburg* sitting on the bench in her village in evacuated Flanders: "There's nothing left but wear and tear,"

ticulé les moments afin d'égarer le lecteur. Que n'a-t-il raconté ces combats comme ils se déroulèrent? Eh bien, c'est qu'ils ne furent pas ce qui se déroulait. La guerre n'est pas l'affrontement qu'on croit, le champ de bataille n'est pas un lieu, ni les adversaires des forces face à face qu'on reconnaît à leurs couleurs. L'humilié, l'offensé qui résiste au vainqueur n'a pas peur de lui, il éprouve une épouvante étrangère à cette adversité, comme Kassner, Tchen ou Kyo en qui se lève aux moments décisifs une marée abjecte de pieuvres et d'araignées. Quel tort subirions-nous, de quelle souffrance nous plaindre, et quelles cordes ferait-elle vibrer, si l'horreur de la guerre ne touchait pas en nous le plus intime? Les scènes de la vraie guerre, découpées et montées par Malraux, ne sont pas des tableaux de bataille en bon ordre. Le tour elliptique laisse entrevoir un différend confus qui n'attend pas d'issue: une mêlée, un monstre d'ambivalence, la plus étroite intrication des prétendus contraires, comme la complicité d'une gorge avec ce qui l'étouffe et auquel elle résiste. Car le style ne se dresse qu'à la vibration du silence.

Le «monstre» qui «occupe les décombres» de Lazare agonisant n'est pas un glorieux adversaire, un autre, c'est je, écrit Malraux, un «Je-sans-moi», un cervelet de saurien qui me pilote encore quand ma volonté d'homme est déjà anéantie. La bête archaïque est de la même engeance que la vermine qui va venir proliférer sur ma dépouille. Sa résistance à ma mort à la fois *est* ma mort, et la suspend un instant sur le seuil. La bête signe je, parce qu'elle laisse tuer le moi, et qu'elle signe une vérité que le moi ne peut deviner qu'à l'agonie. Le je est d'écriture.

La scène de toutes les scènes est celle-là, l'écriture s'érigeant à même l'abjection, grâce à elle, et qui la brave. La seule bravoure suggère ce pari: ose éprouver l'angoisse jusqu'au bout, le poème s'écrira peut-être. Avec un stylo, un fusil, ou un sourire de chat comme la vieille sur le banc, dans son village des Flandres évacué, à la fin des *Noyers*: «Y a plus que d'l'usure», marmonne l'aïeule. Réplique presque exacte du misérable pommier debout dans la montagne de Linarès «au centre de ses pommes mortes. . . . Cet anneau pourrissant et plein de germes semblait

mumbles the grandmother (*WTA*, 224). She is almost the exact replica of the miserable apple tree that remains standing on the mountain of Linares: "at the core of those dead apples. . . . Beyond the lives and deaths of men, that rotting ring bristling with sprouts appeared to be the earth's rhythm of life and death." But the tree doesn't smile. The smile: first writing, prewriting, and the last writing.

With neither head nor tail redundancy triumphs, faceless: billions of precarious existences sloshed around by the viscous eddy of the material soup that drones out their return. Who can take the necrophagous on face to face? They are everywhere, but instead of attacking, they just die off, only to reproduce. Enormous anal ring in which all is nullified. And is it not the same blind violence that is practiced, in our most intimate self, under the bland rubric of sexual urges? Of having to copulate, in any case, as if it were absolutely necessary that, following ours, a new generation be dispatched to its grave pit. The sexed creature lives within us and off us, holding us at its mercy: What enemy could better engender fears, hatred, regressions, escapes? Ferral, Clappique, Hemmelrich, Ch'en: so many names for the presumption that one might negotiate with the thing-within.[37] Each of them will be rolled around in the mud, as Flaubert dared to write it.[38] Of *Liaisons dangereuses*, the book of true war, Malraux writes that it would be nothing "if the book were merely the application of willpower to sexual ends. But it is altogether something else: it is an eroticization of willpower. The will and sexuality intermingle and multiply, forming a single domain" (*TN*, 48). As if this were not enough, he feels the need to conclude by letting himself become indistinguishable from the mêlée he discerned: "It is no fluke that the *final* game leader [in *Liaisons*] is a woman" (*TN*, 48). As if the one responsible could at least be made out in the confusion: the opposite sex, of course. . . .

Any chance of being less misled by translation?—No whim of fate that the final war maker, the first (that is, archaic) one, is "the sexual." The formulation is Freud's—Freud with

être, au-delà de la vie et de la mort des hommes, le rythme de la vie et de la mort de la terre». Mais l'arbre ne sourit pas. Première, avant-première écriture, le sourire, et la dernière. La redite triomphe sans visage, étant sans queue ni tête, milliards d'existences précaires que ballotte le remous visqueux de la soupe matérielle et qui ânonnent leur retour. Qui peut combattre en face les nécrophages? Ils sont partout, n'attaquent pas, crèvent et se reproduisent. Énorme anneau anal où tout s'annule. Et n'est-ce pas, au plus secret de nous, la même violence aveugle qui s'exerce au titre bonasse du besoin sexuel? D'avoir à copuler en tout cas comme s'il fallait absolument qu'une nouvelle génération fût expédiée à la fosse après la nôtre? La bête sexuée vit en nous, de nous, et nous tient à merci: quel ennemi peut, mieux qu'elle, engendrer les angoisses, les haines, les régressions, les échappatoires? Ferral, Clappique, Hemmelrich, Tchen, autant de noms pour dire la présomption de traiter avec la chose-du-dedans. Ils seront tous roulés dans sa boue, comme Flaubert osa l'écrire. Des *Liaisons dangereuses*, le livre de la vraie guerre, Malraux écrit qu'il ne serait rien s'il «n'était que l'application d'une volonté à des fins sexuelles. Mais il est tout autre chose: une érotisation de la volonté. . . . Volonté et sexualité se mêlent, se multiplient, forment un seul domaine». Comme si ce n'était pas assez, il croit bon de conclure, se laissant confondre à son tour par la mêlée qu'il discerne: «Ce n'est peut-être pas par hasard que le *dernier* meneur du jeu [dans les *Liaisons*] est une femme.» Comme si, de la confusion, le responsable du moins pouvait être distingué: c'est l'autre sexe, bien entendu . . .

Aurait-on chance d'être moins abusé en traduisant: point de hasard si le dernier, c'est-à-dire le premier, l'archaïque, fauteur de guerre est «le sexuel»? L'expression est de Freud, avec qui Malraux se trouve pris, non par hasard non plus, dans un inextricable démêlé. Le signataire du *Miroir des Limbes* écrit: «Aucun nom ne désigne le sentiment de marcher à l'ennemi, et pourtant il est aussi spécifique, aussi fort que le désir sexuel ou l'angoisse.» Observation qu'on dirait tirée des *Remarques sur la guerre et la mort*.

whom Malraux finds himself (not by chance either) in an inextricable quarrel. The signatory of *Mirror of Limbo* writes: "There are no words to describe the feeling one has when marching upon the enemy. And yet, that feeling is as specific and as strong as sexual desire and anguish" (*AM*, 215). An observation that one could imagine excerpted from *Reflections on War and Death*.[39]

Beneath historical conflicts, another war, the true one, has always been fought. Is it a war? It *confuses* the adversaries, mixes them up, leads them astray. It plays around with Manicheism. Any time you believe you can point out your enemy—a determination that Carl Schmitt inanely believed necessary—well, you're deceived. The enemy is actually this: that yes-or-no is an illusion, as is the alternative of man or woman, Jew or Aryan, bourgeois or worker, barbarian or citizen—all of history, in sum. Illusion as well is the right-thinking, humanist, universalist solution according to which one and the other are the same. Or the response—more erudite, more "sugary," but every bit as illusory—that at least the sexual difference is not sexed but rather neutral, of the same gender as the "narrative voice" of a Blanchot.

Neutral like death, perpetual peace. Is that it?—Of course not, Malraux argues; death is an episode of life within life, the moment of its corruption. And life is death reproducing itself. One is not so easily pacified. By which I mean pacified just because one pleads neutrality. *Ne-uter*, neither one nor the other: once again, the fantasy of an answer. The truth of war tells you that you are one *and not* the other, that you are the other *and* one, and that you are *neither* one *nor* the other. Does this then mean that we escape binary logic? But escape, enter, outside, inside—that's all still binary. The "sexual logic" of war doesn't even say that outside and inside, one and the other are indiscernible: they are undecidable. Discernible as are black and white; likewise undecidable because they are both—one additive, the other subtractive—sums of colors. Bataille, after Nietzsche, recalls that "the night is also a sun."[40] And Malraux that

Sous les affrontements historiques, une autre guerre, la vraie, est depuis toujours engagée. Est-ce une guerre? Elle *confond* les adversaires: elle les mêle, et elle les abuse. Elle se joue du manichéisme. Chaque fois que tu crois désigner ton ennemi, comme Carl Schmitt niaisement croyait qu'il fallait en décider, eh bien, tu es trompé. C'est cela l'ennemi, que le oui-ou-non soit un leurre, homme ou femme, juif ou aryen, bourgeois ou travailleur, barbare ou citoyen, toute l'histoire en somme. Et leurre aussi, la solution bien-pensante, humaniste, universaliste, selon quoi l'un et l'autre sont le même. Ou, plus savante, plus «sucrée», illusoire encore, cette réponse que du moins cette différence, sexuelle, comme on dit, n'est pas sexuée, mais neutre, du même genre que la «voix narrative» de Blanchot.

Neutre comme la mort, paix perpétuelle, est-ce cela? Mais non, argue Malraux, la mort est un épisode de la vie dans la vie, le moment de sa corruption, et la vie est la mort qui se reproduit. On n'est pas pacifié à si bon compte, j'entends: parce qu'on plaide la neutralité. *Ne-uter*, ni l'un ni l'autre, c'est une fantaisie de réponse, encore. La vérité de guerre te dit que tu es l'un *et pas* l'autre, que tu es l'autre *et* l'un et que tu n'es *ni* l'un *ni* l'autre. Est-ce donc que l'on sort de la logique binaire? Mais sortir, entrer, dehors, dedans, c'est encore binaire. La «logique sexuelle» de guerre ne dit même pas que dehors et dedans, l'un et l'autre, sont indiscernables mais qu'ils sont indécidables: discernables comme sont le noir et le blanc, et indécidables comme eux, qui sont tous deux des sommes de couleurs, respectivement additive et soustractive: «La nuit est aussi un soleil», rappelle Bataille après Nietzsche. Et Malraux: «L'éclat des flammes vient aussi de la profondeur de la nuit.» Et ils ne sont pas sujets à différence seulement, mais en proie au différend. Enclaves dans les enclaves, chacune menaçant l'autre de sa familière étrangeté.

Oxymorons trop dialectiques, peu retors auprès de l'épouvante, ceux qui suggèrent que tu n'es jamais si féminin qu'à exhiber ta virilité, ni si totalitaire qu'à te vouloir communiste, ni si exilé qu'à te sentir chez toi. Le colonel de la Brigade confie à l'aumônier: «Dans le fond, je ne suis pas socialiste, je suis un

"the burst of flames also comes from the depths of the night."
And they are not only subject to difference but are prey to the
différend. Enclaves within enclaves, each threatening the next
with its familiar strangeness.

The oxymorons suggesting that you are never more feminine than when you exhibit your virility, never more totalitar-
ian than when you try to be communist, never more an exile
than when you feel at home are overly dialectical, short on wile
in face of dread. "I am, at bottom, not a socialist, but a twelfth-
century gang leader," confides the colonel of the brigade to the
chaplain. At bottom I *am* not: "a nomad of professions as of
places, of legal identity and, were it possible, of the self," we
read in *The Demon of the Absolute.*[41] At bottom a bestial "I"—
an inexplicable "I," dead and live, female and male, brigand and
commissar—for which you, the ego, are nothing, takes up the
pen and signs this question: At least *that*, that putative "basis,"
is, isn't it? The artwork consults the ellipsis of what is by be-
coming an ellipsis. Dramatic strategy whose practice demands
that the author's ego be eclipsed.

chef de bande du XIIᵉ siècle.» Dans le fond, je ne *suis* pas: «No-
made des métiers, comme des lieux, comme des états civils, et
comme, s'il était possible, de soi-même», lit-on dans le *Démon
de l'absolu*. Dans le fond, un je bestial, inexplicable, mort et vif,
femelle et mâle, brigand et commissaire, pour lequel toi, le moi,
tu n'es rien, prend la plume et signe cette question: cela, ce prétendu «fond», est-ce que cela *est*, au moins? L'œuvre interroge
l'ellipse de ce qui est, en se faisant ellipse. Stratégie dramatique,
dont l'exercice exige que le moi de l'auteur soit éclipsé.

Stridency

Strident is said of a shrill sound. Intense, often brief, it pierces our ears. High frequency, mighty amplitude, its vibration swoops down on the eardrum like a raptor, shaking it furiously. A front of sound so offensive that the frail membrane fails to enter into resonance with it. It deafens it. Suddenly it is no longer picking up anything. It is on the verge of breakdown from the effort it sustains, of bursting from shrillness. Without something like eyelids, the ear—indefensible—seems exposed to any vibration that might overtax it. In truth, relegating them to silence, it knows nothing of such vibrations. Demarcating the field of the audible, its deafness protects it. It simply doesn't hear ultrasounds, that's all.

But the strident scream lacks bearing and restraint. It flouts the decency of the sound waves dismissed into silence. The unheard-of is exhibited, in a flash, at the threshold of the audible. And, undecided between the life of sounds and the silence of death, the mêlée is engaged on the front of the monster.

Along with this nightmare that causes listening to writhe, when the entry of death into the life of understanding is imminent, a fear that is essential to the ego is suddenly touched off: the fear of being violated. Stridency awakens a latent repulsion,

Stridence

Strident se dit d'un son aigu, intense, souvent bref: il nous perce les oreilles. Haute fréquence, forte amplitude, la vibration fond en rapace sur le tympan, le secoue furieusement. Front d'onde si outrageant que la frêle membrane échoue à entrer en résonance avec lui. Il l'assourdit, déjà elle ne capte plus rien, elle va céder sous l'effort qu'elle subit, crever d'acuité. L'oreille sans paupières paraît exposée, indéfendable, aux vibrations qui pourraient l'excéder. En vérité, elle les ignore, les relègue au silence. Sa surdité la protège, qui circonscrit le champ de l'audible. Les ultrasons, elle ne les entend pas, voilà tout.

Mais le cri strident manque de tenue, de retenue, il nargue la décence des ondes bannies au silence. En un éclair, l'inouï s'exhibe à l'orée de l'audible. Et la mêlée s'engage, au front du monstre, indécidée entre la vie des sons et le silence de mort.

Avec le cauchemar qui convulse l'audition, à l'entrée imminente de la mort dans la vie de l'entente, une angoisse essentielle au moi explose soudain, l'angoisse d'être violé. La stridence réveille l'horreur latente assoupie dans l'ouïe, qu'un cri la pénètre, exorbitant, incommensurable à sa faculté, inconvenant. Le crissement sarcastique vient, en la déchirant presque, tourner en dérision sa misère à elle d'être rivée au monde sonore dont un

that dozes within hearing, at a scream that might penetrate it—an exorbitant scream, incommensurable with its faculty, indecorous. The sarcastic screeching rails at the ear's misfortune at being tethered to the sonorous world in which anatomico-physiological chance determined its destiny. And in doing so it nearly rends it. Overcome as much by suffering as by humiliation, corporeal identity in its entirety trembles at and for its finitude.

Now, if when confronted with intolerable shrillness the ego feels mortified at being disabled, at being indentured to an organ and to an organization, is this shame not motivated by its desire for the unheard-of, for a *hubris* of hearing? If not, the scream and the forcing thereof would remain accidents that render deaf, and all would be said and done. Yet the inaudible of which it is the omen finds its audience, one might say, in the rather exiguous listening that it subjects to torture, awakening in that anguish a desire (indistinguishable from the former) to spur auditory receptiveness either beyond or before what is naturally allowed it.

Something unheard of is inferred in the event of atrocious cacophony that stridency announces and that the harmonious union of the ear with its sonorous universe can probably not outlive. In what heights of piercing violence and yelping must Artaud's voice strangle itself "to have done with the judgment of God" and Malraux's do likewise in order to usher Jean Moulin into the darkness of the mausoleum of all the gods![42] That tumultuous twang, those high notes verging on hoarseness announce a promise: a hearing of another kind will be given, a heterophony will come to pass. Even if Moses did hear God, the Lord was not vocalizing musically. The hooting of *Strix* that forced the ear of the mute—Moses was "castrated at the mouth"—incised it and opened it to the other of all music. Beneath the dreadful noise, a sound beyond sound could be made out. Aloofness violated by the raptorial shriek thus hears itself foretelling this: you shall hear the sounds to which your ear remains inert, the voices doomed to remain silent by dint

hasard anatomo-physiologique a fait son lot. Toute l'identité corporelle tremble de sa finitude, et pour elle, éperdue d'humiliation autant que de souffrance.

Or, si à l'occasion d'une acuité sonore intolérable, le moi éprouve la mortification de se trouver assujetti à un organe, et à un organisme, invalide, cette honte ne prend-elle pas ressort d'un désir en lui pour l'inouï, d'une *hubris* d'entendre? Sinon le cri et son forçage restent un accident, qui rend sourd, et tout est dit. Mais l'inaudible dont il est le présage trouve audience, dirait-on, dans l'écoute pourtant exiguë qu'il met à la torture: éveillant dans l'angoisse, et confondu avec elle, un désir de pousser la disponibilité à entendre au-delà ou en deçà de ce qui lui est naturellement permis.

Quelque chose d'inouï se sous-entend dans l'événement de la cacophonie atroce que la stridence annonce, et à laquelle sans doute l'harmonieuse union de l'oreille avec son univers sonore ne pourra pas survivre. Jusqu'à quelle violence criarde, à quels glapissements faut-il que s'étrangle la voix d'Artaud «pour en finir avec le jugement de Dieu», la voix de Malraux pour introduire Jean Moulin aux ténèbres du mausolée de tous les dieux! Ces nasillements d'orage, ces aigus à rendre aphone annoncent une promesse: une écoute autre sera donnée, une hétérophonie adviendra. Si Moïse entendit Dieu, en tout cas le Seigneur n'a pas vocalisé musicalement. Le hululement de *Strix* qui força l'oreille du muet—Moïse était «castré de la bouche»— la débridait et l'ouvrait à l'autre de toute musique. Sous le bruit épouvantable, un son au-delà du son se devinait. Ainsi le quant-à-soi violé par le cri rapace s'entend présager ceci: les sons auxquels ton oreille reste inerte, les voix vouées, du fait de ta misère, à se taire, tu les entendras si tu passes les bornes de ton écoute et si tu souffres le martyre de ma cruauté.

Démence du sexuel: je ne peux pas ce que tu peux, donc je le veux. Le cri strident appelle au sacrifice du moi. Pas d'initiation à l'autre de l'audible, pas de transfiguration de l'écoute qui n'exige la probation du supplice, son épreuve et sa preuve assumées. A n'être que lui-même, à entendre son petit monde,

of your wretchedness, if you exceed the bounds of listening by undergoing the martyrdom of my cruelty.

Madness of the sexual: I cannot do what you can; thus I want to. The strident scream calls for the sacrifice of the ego. Any initiation to the other of the audible, any transfiguration of listening requires the probation of the ordeal, the sustaining of its test and its proof. Being only itself, hearing only its own little world and listening to itself take pleasure in it, the ego learns from stridency that it *is* not thus that it *has worth*. It *is* the body, and it *has worth* through the other of what it is and what it is capable of. In spite of the body, the alienation that exceeds it instructs it about its truth: that of being cleaved. The inordinate force that kills the organic ear from outside liberates the potential excess immanent to listening. Soundlessly, the abruptness of a cruel pardon wells up. It is thus, directly on the body, in the secret fold where the monstrous sound that will deliver him from himself is awaited—it is thus that the question of truth is posed to Malraux. And consequently that of the value of artworks.

That being said, what of the hissing spread onto dark silence by the throat of *strix ossifraga*, the barn owl, the white-tailed eagle whose shriek "breaks the bones" of sleep and insomnia alike, that hooting of the screech owl, *de chat huant*. Is it *a voice* that it covers? a voice other than our voices? one higher than the highest note? yet voice nevertheless? Does it present, at the outer reaches of the audible, the distance of a voice soon to be deafened yet sonorous still for a little while? Beyond the scream of the nocturnal raptors, in the desert of sounds, is it a voice that still screams? "Behind each artwork, there lurks or rumbles a destiny subdued," writes Malraux. Does destiny subdued mean to him stridency conquered? transposed into *phônè*? one that might articulate silence? May one say that behind the hooting of the strigiforms, a kind of voice rings out to the ear as if she were mistress of the night of sounds? A voiceless voice, nevertheless—voiceless in terms of singing exercises, anyway—a voice born of some "core" where things don't get voiced.

à s'écouter en jouir, le moi apprend par la stridence qu'il n'*est* pas ainsi ce qu'il *vaut*. Il *est* le corps, il *vaut* par l'autre de ce qu'il est et qu'il peut. L'aliénation qui l'excède, en dépit du corps, l'instruit de sa vérité: d'être clivé. La puissance excédentaire qui du dehors tue l'oreille organique libère dans l'écoute l'excédence potentielle qui lui est immanente. Sourdement, l'abrupt d'une grâce cruelle sourd. C'est ainsi, à même le corps, dans le pli secret où le son monstrueux qui le délivrera de lui-même est attendu—c'est ainsi qu'à Malraux la question de la vérité est posée. Et conséquemment celle de la valeur des œuvres.

Cela dit, qu'en est-il du chuintement que propage sur le silence noir la gorge de *strix ossifraga*, la chouette effraie, l'orfraie dont le cri «brise les os» du sommeil et de l'insomnie, ce hululement de *screech owl*, de chat huant? Est-ce *une voix* qu'il couvre, une voix autre que nos voix, au-delà de l'aigu, mais une voix, qu'il évoque? Présente-t-il, sur le bord de l'audible, le lointain, encore sonore pour un peu, d'une voix bientôt assourdie? Au-delà des cris des rapaces nocturnes, dans le désert des sons, est-ce une voix qui crie encore? «Derrière chaque œuvre, rôde ou gronde un destin dompté», écrit Malraux. Destin dompté, est-ce pour lui stridence conquise, transposée en *phonè*, qui articulerait le silence? Dira-t-on qu'à l'oreille, derrière le hululement des strigiformes, une sorte de voix retentit en maîtresse de la nuit des sons? Une voix, toutefois, qui n'aurait pas voix au chapitre des vocalises, issue d'un «fond» où ça ne voise pas.

Throat

Now, this elsewhere resides as close as can be: in the depths of the body, actually. If Malraux is to be believed, ultra-stridency has its source in phonatory intimacy. For we don't hear ourselves.[43] Lying in ambush within our megaphonic apparatuses, some little raptor or stridulating insect stowed away in the hold of phonation supposedly keeps watch. The ears of each one of us are deaf to the presence of the intruder. That presence gives itself away through the most direct medium: when I speak, when I believe I am speaking, the clamor that rises from my throat is not the voice heard by others. I am so accustomed to hearing a parasitic hissing when I speak or sing that when a sound recording allows me to hear my voice—the one that others attribute to me—I fail to recognize it as mine. The echo returned by the phonogram resembles my voice as little as the face that Narcissus saw reflected in the watery mirror resembled his. Once inscribed in the register of the commonly audible, singular stridency is stifled, its exception neutralized, abolished is the initial and true alienation that places the voice beyond the reach of hearing.

In a Shanghai side street, in the dead of night, Kyo hastens along next to Katow. They are going to join up with their com-

Gorge

Or cet ailleurs réside au plus près, dans le profond du corps, en effet. L'outre-stridence, à en croire Malraux, aurait sa source dans l'intimité phonatoire. Car nous ne nous entendons pas. Embusqué en dessous de nos appareils porte-voix, un petit rapace ou un insecte stridulent veillerait, clandestin, dans les soutes de la phonation. Nos oreilles à chacun sont sourdes à la présence de l'intrus. Celle-ci se trahit par un canal plus direct: quand je parle, quand je crois que je parle, la rumeur qui me monte à la gorge n'est pas la voix que les autres entendent. Quand ma voix, celle qu'autrui m'attribue, m'est donnée à écouter grâce à un enregistrement, je ne la reconnais pas pour la mienne, tant il m'est constant de sentir vibrer à sa place, pendant que je parle ou chante, le sifflement parasite. L'écho de ma voix renvoyée par le phonogramme lui ressemble aussi peu qu'à Narcisse son visage réfléchi sur le miroir d'eau. Une foi inscrite au registre commun de l'audible, voici la stridence singulière étouffée, son exception neutralisée, et abolie l'aliénation première et vraie qui place la voix hors de portée de l'ouïe.

Dans une ruelle de Shanghai, en pleine nuit, Kyo se hâte aux côtés de Katow. Ils vont rejoindre les camarades du commando communiste qui s'apprête à s'emparer d'une cargaison

rades in the Communist commando that is preparing to seize an arms shipment. (Now *there's* some history. . . .) Katow is silent. Kyo is in deep reflection: interior monologue in the first person punctuated by passages in free indirect discourse. As he expressed surprise at not recognizing his voice recorded on a record for a clandestine message, his father had explained: "We hear the voices of others with our ears, but our own through our throat." At which conjuncture the woman who loves Kyo and is loved by him comes along and "disturbs him to the verge of anguish by a feeling that had no name, as destructive as time or death." Having been pursued for a long while by a colleague at the hospital where she works, May wound up going to bed with him, like a good old girl, so he wouldn't feel hurt, out of lassitude, without desire. Kyo can at least describe the unnameable feeling that took hold of him: "he could not find her again" (*MF*, 47).

Acute anguish is not caused by the inconstancy to which, in the eyes of others, the woman succumbs on the world's stage. The tragicomical theme of the jealous man is too hackneyed for Kyo-Malraux (it is known that the story concerns the latter) to be so broken over it. A benign infidelity should simply be the occasion for ordinary disgust as toward all that is meant to pass, to depart this life into repetition. But the anguish in this case is of an altogether different sort than the narcissistic wound felt by the ego "betrayed" by a lover. No, the catastrophe that comes to pass with May's confession is that her throat suddenly becomes unsoldered from his throat. Thus shattering the absolute separation they shared until this very instant.

"Only to May was he not what he had done; to him alone, she was altogether other than her biography. It was not man who was helped in the embrace by which love maintains two beings glued one to the other against solitude, but the madman, the incomparable monster cherished above all else that everyone is for oneself and that one holds dearly in one's heart" (*MF*, 49–50).

For if love and, by extension, fraternity of the so-called virile kind be the doubly monstrous ordeals of a crude existence in which egotism implodes along with the arrogance of appro-

d'armes. (En voilà, de l'histoire . . .) Katow est silencieux. Kyo médite: monologue intérieur à la première personne qu'interrompent des passages en style indirect libre. Comme il s'étonnait de n'avoir pas reconnu sa voix enregistrée sur disque pour un message clandestin, son père lui a expliqué: «On entend la voix des autres avec ses oreilles, la sienne avec la gorge.» Sur quoi la femme dont Kyo est aimé et amoureux vient, pour sa part, de le «troubler jusqu'à l'angoisse par un sentiment sans nom aussi destructeur que le temps ou la mort». Pressée depuis longtemps par un collègue de l'hôpital où elle travaille, May a fini par coucher avec lui, en brave fille, pour ne pas l'humilier, par lassitude, sans désir. Le sentiment innommable qu'il éprouve, Kyo peut du moins le décrire: «Il ne la retrouvait pas.»

L'angoisse fulgurante n'est pas due à l'inconstance à laquelle la femme cède sur le théâtre du monde, aux yeux d'autrui. Le thème tragi-comique du jaloux est trop éculé pour que Kyo-Malraux (on sait d'ailleurs qu'il s'est agi de lui) en soit brisé à ce point. Une infidélité bénigne devrait être simple occasion à dégoût ordinaire, comme tout ce qui est destiné à passer, à trépasser dans la répétition. L'angoisse ici est d'une tout autre sorte que la blessure narcissique qu'éprouve le moi «trompé» d'un amant ou d'une amante. Non, la catastrophe qui advient avec la confession de May, c'est que sa gorge à elle se dessoude soudain de sa gorge à lui. Rompant ainsi leur séparation absolue et jusqu'à cet instant partagée.

«Pour May seule, il n'était pas ce qu'il avait fait; pour lui seul, elle était tout autre chose que sa biographie. L'étreinte par laquelle l'amour maintient les êtres collés l'un à l'autre contre la solitude, ce n'était pas à l'homme qu'elle apportait son aide; c'était au fou, au monstre incomparable, préférable à tout, que tout être est pour soi-même et qu'il choie dans son cœur.»

Que l'amour, et par ailleurs la fraternité dite virile, soit chez Malraux l'épreuve doublement monstrueuse d'un exister brut où l'égotisme implose, et avec lui toute arrogance d'appropriation, et de la fusion de ce dénuement avec celui qu'un autre moi, de l'aimée, de l'aimé, souffre de son côté—que l'amour (et la fraternité) fasse non pas une voix avec deux, car les amants (ou

priation and of the fusion of this deprivation with that of another ego—that of the beloved—who suffers similarly . . . for
if love (and fraternity) be not a single voice made with two but
a single throat from two such that the absolute of existence—
nothingness—remains silent together . . . it is through this motif of an "agnostic" mystery—one that is desperately nihilistic,
without Dionysus or Crucified, one in which remnants of subjects commune what neither you nor I can share, it is through
this fusion alone that the eventual perpetuity of artworks may
be understood.

It is remarkable that the theme of the throat first arises in
Malraux's writings in reference to the way a novel is truly read:
"as a function of an irreducible element," he writes, "closely
linked to literary creation, that is, as a function of a particular
dimension that does not exist in life" (*OC*, 1:287). This is from
a 1929 text improvised as an oral commentary on *The Conquerors*. The "thesis" of the "'I' without a self" had not yet been
drawn from the approximations. The particular dimension that
is not within life—what he will later call the dimension of
"non-life"—he was then calling "particular obsession." It evokes
a closure, a deafness, but also the insistence of an anguish that
biographical time, which resists it, does not sweep away in its
flow. Now, reading a novel does not consist of being able to recount what heroes do. The proof of the existence of the true
reader is scarcely a feeling: it is entered into right at the obsession within which the character struggles, one that he actualizes
without being able to pronounce its name. Abruptly, Malraux
issues the shibboleth: "We hear our own voice through our
throat and the voice of others through our ears" (*OC*, 1:287). So,
that hero of the novel is purely inconsequential; one hears that
other whom one loves, if one loves him like a brother, with
one's throat.

Malraux perhaps does not know, in this period, that with
this intuition, he has grasped what will become the workings of
his dramatics of "creation." The thousands of pages amounting
to the essays in the psychology of art turn and re-turn in every
direction this elliptical inaugural *formula* in order to extract

les camarades) ne s'entendent pas, jamais, mais de deux gorges
fasse une seule pour laquelle l'absolu d'exister, le rien, se tait ensemble—par ce motif d'un mystère «agnostique», désespérément nihiliste, sans Dionysos ni Crucifié, où dans les débris des
sujets communie ce que ni toi ni moi ne pouvons partager, par
cette fusion seule, la pérennité éventuelle des œuvres peut se
comprendre.

Il est notable que le thème de la gorge surgisse tout d'abord
dans les écrits de Malraux à propos de la manière dont un roman est vraiment lu: «En fonction d'un élément irréductible,
dit-il, étroitement lié à la création littéraire, en fonction d'une
dimension particulière qui n'existe pas dans la vie.» Texte de
1929, improvisé oralement en commentaire aux *Conquérants*. La
«thése» du je-sans-moi n'est pas encore dégagée des approximations. La dimension particulière qui n'est pas dans la vie, il dit
plus tard la dimension de «la non-vie», s'appelle alors «obsession
particulière». Elle évoque une clôture, une surdité, mais aussi
l'insistance d'une angoisse que le temps biographique n'emporte
pas dans sa coulée, qui lui résiste. Or ce n'est pas lire un roman
que de pouvoir raconter ce que font les héros. Du véritable
lecteur, l'épreuve d'exister, à peine un sentiment, hormis l'angoisse, s'abouche à même l'obsession dans laquelle le personnage
se débat, qu'il actualise sans pouvoir la prononcer. Abruptement,
Malraux lance alors le shibboleth: «Nous entendons notre voix
avec la gorge et celle des autres avec les oreilles.» Or, pure in-
conséquence, ce héros de roman, cet autre que l'on aime, si on
l'aime d'amour, comme un frère, on l'entend avec sa gorge.

Malraux ne sait peut-être pas, à cette époque, qu'avec cette
intuition, il tient ce qui va être le ressort de sa dramatique de
la «création». Les pages par milliers que comptent les essais de
psychologie de l'art tournent et retournent en tout sens l'elliptique *formula* inaugurale pour en extraire la portée universelle,
quoique a-théologique, de l'écriture littéraire et artistique.

De la voix pour l'oreille à la stridulation qui monte par la
gorge, l'abîme s'avère infranchissable, comme entre moi et je-
sans-moi. Le sens commun proteste que c'est bien la même
voix. C'est qu'il parle du dehors, il confond le dessaisissement

from it the universal, albeit atheological, import of literary and artistic writing.

Between the voice for the ear and the stridulation that rises through the throat, the abyss—like that between ego and "'I' without a self"—proves impassable. Common sense protests that they are indeed the same voice. It's just that it speaks from the outside, confounding the relinquishment of hearing in the naked experience of existence with an interior dialogue. In this dialogue the ego splits in two and can hear itself arguing for and against itself: voice against voice, in narcissistic reflection, equipped with a proper specular distance, one that is essentially passable even if it deforms, slightly, a distance analogous to that over which dialogues with others play themselves out. And, as in such dialogues, the interior conversation keeps itself within "hearshot" of itself. Heard, that is, by the ears. Well heard, in other words, even if the ears are inner ears. When good sense affirms that the inaudible "voice" is homogenous with the audible without for a moment questioning whether the former is even a voice, it omits the fact that what passes by way of the throat is not perceptible, remains unknown to ego, absolutely forgotten in terms of position, has never been and never will be heard, even if one were to record it, because any retransmission would change it ipso facto into the voice of an ego in the world and thereby abolish it.

For comfort and security stridency is attributed to a voice by projecting its ultrasonic frequency onto the register of the audible. Do not stridency and the voice both issue from the same individual? one asks. From the same body? With a small additive—the "genius" clause—the same confusion (or forclusion) ascribes creation to the artist's or the writer's subjectivity—he is the author of his work—when in fact it issues forth from his disaster, investing itself belatedly.

In truth, according to truth, stridency is not commensurable with speech, perhaps not even with some *phônè*. Imperceptible rumbling of existence or, better yet, existence groaning shrilly, absolutely, without relation, thus mutely. Well on this side of the pathetic, the *pathema* that Aristotle attributed to the

de l'écoute dans l'expérience nue d'exister avec un dialogue intérieur. Dans ce dernier, le moi se dédouble et s'entend argumenter pour et contre lui-même: voix contre voix, en réflexion narcissique, nanti de la convenable distance spéculaire, essentiellement franchissable, même si elle est un peu déformante, analogue à celle où se jouent les dialogues avec autrui. Comme en ceux-ci, la conversation intérieure se tient à portée d'écoute avec elle-même, elle s'entend par les oreilles, seraient-elles du dedans, elle est bien entendue. Quand le bon sens affirme que «la voix» inaudible est homogène à l'audible, sans douter un instant que la première soit même une voix, il omet que ce qui passe par la gorge n'est pas objet de perception, reste inconnu de moi, absolument oublié par position, n'a jamais été et ne sera jamais entendu, quand même on l'enregistrerait puisque la retransmission le change *ipso facto* en voix d'un moi au monde, et l'abolit.

La stridence, on l'attribue à une voix, par confort et sécurité, en projetant dans le registre de l'audible sa fréquence ultrasonore. Ne sont-elles pas, dit-on, elle et la voix, issues d'un même individu, d'un même corps? Moyennant un petit additif, la clause du «génie», la même confusion (ou forclusion) impute la création à la subjectivité de l'artiste ou de l'écrivain: il est l'auteur de son œuvre . . . Alors qu'elle prend issue de son désastre, et qu'il s'en pare après coup.

En vérité, selon la vérité, la stridence n'est pas commensurable à la parole, peut-être pas même à une *phonè*. Imperceptible rumeur d'exister, ou, mieux: l'exister rălant aigu, absolument, sans rapport, donc muet. Bien en deçà du pathétique, du *pathema* qu'Aristote attribue aux voix inarticulées des animaux. On ne peut entendre sous le nom de stridence qu'une métaphore de l'inouï dans le registre de l'audible: une voix toucherait la limite de ce qu'elle peut voiser, en fréquence et en intensité. Sans «imitation» possible, dirait le compositeur, sans réponse, sans qu'on puisse avec elle s'entretenir, converser, raconter. Le contrepoint des grandes voix modernes étant à bout, reste le monstre aphone: exister. Il n'a de rapport à l'audible que par défaut.

Abject, abjeté de tout rapport, de tout suppôt, de cela

inarticulate voices of animals. Under the name of stridency one can only hear a metaphor of the unheard-of on the register of the audible: a voice approaching the limit—in frequency and intensity—of what it can voice. With no possible "imitation," the composer might say, without response, without one's being able to speak, converse, tell stories with it. With the counterpoint of modernity's great voices at the end of their tether, existence, the aphonic monster, remains. Its relationship to the audible is merely approximate.

Abject, abjected from any relation, from any suppositum: from *this* the artwork works. Separation is an understatement. "Yes," Kyo says to himself, "one hears one's life through the throat. But what of that of others? First there was solitude—the immutable solitude behind the mortal multitude like the great primitive night behind this dense and heavy night under which the deserted city, filled with hope and hatred, kept watch" (*MF*, 49). Solitude is an understatement. The cosmic night is there, as close as can be: enormous *fact*, without opposite, night to which no day corresponds. The suns above it, the peoples below can go on fomenting their cycles, telling their stories. Indifferent, this night *is*, to deferring anything, to differing from nothingness. Stridency will never be *said* because in saying, one defers-differs. With the ego in mortal agony an anonymous "I" touches the immutable night for an instant.

That touch by which not even nothingness is experienced is a peculiar syncope. Yet nothingness, so-called creation in literature and art, gives it shelter. If an artwork happens to be able to inflict that inexplicable stupefaction that critics blandly call aesthetic emotion in spite of the transience of places and the ages, the artwork owes this transitivity in history to the intransitive "presence" of the night within it. Presence in absentia. Experienced on the fringes of singularity, the silence of the night, being nothing, seals the universal. Harried and forced by writing that endlessly, necessarily, contradicts itself, the formless and inert monster is appointed, beseeched, tortured in order to have it take form.

l'œuvre fait œuvre. Séparé est peu dire. «Oui, se dit Kyo. Sa vie aussi, on l'entend avec sa gorge, et celle des autres? . . . Il y avait d'abord la solitude, la solitude immuable derrière la multitude mortelle comme la grande nuit primitive derrière cette nuit dense et basse sous quoi guettait la ville déserte, pleine d'espoir et de haine.» Solitaire est peu dire. La nuit cosmique est là, au plus près, *fait* énorme, sans contraire, qui n'est la nuit d'aucun jour. Les soleils par-dessus elle, les peuples par-dessous, peuvent fomenter leurs cycles, raconter leurs histoires. Indifférente elle *est*, de ne différer rien, ni de rien. On ne dira jamais la stridence puisqu'en disant, on diffère. Le moi à l'agonie, un je anonyme touche la nuit immuable, un instant.

Syncope singulière, cette touche où s'éprouve même pas le rien, mais rien, ladite «création» en littérature et en art lui donne abri. S'il arrive qu'une œuvre puisse nous infliger l'inexplicable stupéfaction que la critique nomme benoîtement émotion esthétique, en dépit de la fugacité des âges et des lieux, l'œuvre doit cette transitivité dans l'histoire à la «présence» intransitive en elle de la nuit. Présence *in absentia*. Éprouvé aux confins de la singularité, le silence de la nuit, n'étant rien, scelle l'universel. Harcelé et forcé par l'écriture, qui à chaque fois nécessairement se contredit, le monstre informe, inerte, est commis, supplié, supplicié, de prendre forme.

Communion

"If we did suddenly hear a voice other than our own through our own throat, we would be terrified" (*Laz.*, 141). Is this even possible? It's the definition of love. As strong as redundancy because as terrible as agony. Lazarus countersigns Kyo: "I had once written that every man hears the life of others through his ears: not so in fraternity or love" (*Laz.*, 141). Fraternity too is of the throat: that of the German and Russian soldiers twisted together into staggering monsters struggling to escape the putrescence of the first poison gases. On the Vistula front in 1917 the Scourge reduces the war of men to the truth of larval convulsion, and the Bolgako Forest decomposes into an archaic cloaca.

Solitude is shared in these moments when dreadful nothingness stridulates from the gaping ego. Mad insects are deaf and dumb. That's why ants scurry across machine-gun barrels during the battle of Toledo or on the bombardier's cockpit above Teruel. Insects embrace; they cling to each other, forming clusters, as in the Khmer forest. "I saw Nénette and Rintintin in the flesh, both eighteen years old. They were not even kissing each other. They were gazing into each other's eyes. With such rapt wonderment that I was reminded of those insects one

Communion

«Si nous entendions soudain une autre voix que la nôtre avec la gorge, nous serions terrifiés.» Est-ce même possible? C'est la définition de l'amour. Aussi fort que la redite parce que aussi terrible que l'agonie. Lazare contresigne Kyo: «J'avais écrit que tout homme entend la vie des autres avec les oreilles, mais non dans la fraternité ou dans l'amour.» La fraternité aussi est de gorge: celle des soldats allemands et russes cramponnés les uns aux autres en monstres titubants qui cherchent à échapper à la putrescence des premiers gaz de combat. Sur le front de la Vistule en 1917, le Fléau réduit la guerre des hommes à la vérité d'une convulsion de larves, et la forêt de Bolgako se décompose en cloaque archaïque.

La solitude se partage lors de ces instants où stridule dans la béance du moi le rien épouvantable. Les insectes fous sont sourds et muets. C'est pourquoi les fourmis se baladent sur les canons des mitrailleuses pendant la bataille de Tolède ou sur le cockpit du bombardier au-dessus de Teruel. Ils s'étreignent, les insectes, ils se collent l'un à l'autre, ils font grappe, comme dans la forêt khmère. «Je vis devant moi Nénette et Rintintin, dix-huit ans chacun. Ils ne s'embrassaient même pas. Ils se regardaient. Avec tant d'émerveillement que je pensai aux insectes

can kill without being able to sever their embrace. Clinging to one another as the dying cling to the red-hot iron of their agony" (*Laz.*, 117–18).[44]

Love or fraternity: "an irrationality of the caves." Clinging or adhering, it's a single throat serving the many. Not a community: a heteroplastic graft of one throat to another, transplant and fusion between vile creatures that feel only when dying. As close as possible to immersion in the animal and nocturnal continuum where Bataille's "inner experience" leads. In the Shanghai schoolyard that Katow crosses to get to the locomotive firebox into which he will be tossed alive, stretched out among the doomed men, Kyo feels bodies rise up through his throat, a clamor that is barely audible, inform, "quavering . . . buzzing . . . murmur" (*MF*, 254–55). The mute violence in the march toward martyrdom gets the vanquished brothers in the throat: it resonates in Kyo's. For an instant the work rises up in silence, from silence. An indubitable *fact* signs itself on the verge of the nothingness in which all will be swallowed up. When life turns to ash, it's time to write. Because in battle or in love a single throat fuses the various passions refractory to any account that might stir singly in lovers of literature, music, painting. . . .

Between the profusion of matter and that of the planets lies the mystery of artworks born in the dungeon where we rot, born of that dungeon. Not just images: artifacts as well. They make signs. Not that, were they placed one after the other and duly countersigned, these convulsive signatures would constitute the meaning of a life or a culture. Life, as such, of an ego or of a "we"—the story of life doesn't get signed: it passes, is forgotten, with the help of memory. Only extreme moments of dread have, on occasions, universal value. The gods may die and humanism as well: anguish is immortal. Whatever may be the figures by which it is presented in the course of the ages, it will not fail, one day, somewhere, to be shared. "Heard" through the throat.

Concealed beneath the dispersed, disparate community of connoisseurs, readers, and spectators lies, in actuality, an aggregate of insects convulsively clinging to "their" sign. Whether

qu'on tue sans pouvoir desserrer leur étreinte. Cramponnés l'un à l'autre, comme les mourants se cramponnant au fer rouge de l'agonie.»

L'amour ou la fraternité, «un irrationnel de cavernes». Se coller, se cramponner, c'est une seule gorge à plusieurs. Pas une communauté: une greffe hétéroplastique de gorge à gorge; la transplantation et la fusion entre bêtes immondes, qui ne s'éprouvent qu'à l'agonie. Au plus proche de l'immersion dans le continuum animal et nocturne, antérieur à l'individuation, où conduit l'«expérience intérieure» de Bataille. Dans le préau de Shanghai que Katov traverse vers le foyer de locomotive où il va être jeté vivant, Kyo couché parmi les condamnés sent monter des corps par sa gorge une rumeur à peine audible, informe, «chevrotement», «bourdonnement», «murmure». La violence muette de la marche au martyre touche les frères vaincus à la gorge, elle vibre dans celle de Kyo. Un instant, l'œuvre s'érige en silence, du silence. Un *fait* indubitable se signe au bord du rien où tout va sombrer. Quand la vie devient cendre, c'est le moment d'écrire. Comme au combat ou dans l'amour une seule gorge met en fusion les unes avec les autres les passions rebelles à tout compte rendu qu'éprouvent, chacun pour soi, les amoureux de littérature, de musique, de peinture . . .

Entre la profusion de la matière et celle des astres, mystère des œuvres nées au cachot où nous végétons, nées de ce cachot. Pas seulement des images: des artefacts. Ils font signe. Non que, mises l'une après l'autre et dûment contresignées, ces signatures convulsives composent le sens d'une vie ou d'une culture. La vie comme telle, d'un moi ou d'un nous, son histoire ne se signe pas, elle passe, elle s'oublie, avec l'aide de la mémoire. Les instants extrêmes de l'épouvante ont seuls, à l'occasion, valeur universelle. Les dieux peuvent mourir, et l'humanisme; l'angoisse est immortelle. Quelles que soient les figures sous lesquelles elle se présente au cours des âges, elle ne manquera pas, un jour, quelque part, d'être partagée. «Entendue», par la gorge.

Sous la communauté dispersée, disparate, des amateurs,

the lucid humans who harbor these creatures have a memory is unimportant. Monuments and memorialists are destined for the grave pit like the rest. Larval existence, the fact—hallucinated in a spasm, marveled and marveling, countersigned by an "I"-that-is-not-ego—of being nothingness alone resists the death that is life.

In reinforcing this separation factor, "style" and "situation," according to Max Jacob, transmit the force to stupefy emitted by the limit-moment to the sensible artwork. That is why the "thrill of creation" accepts as paradigm "the apprehensive wonderment a child has when a shell he is looking at on the beach suddenly begins to move" (*VS*, 454).

"The wonderful," one reads further in *The Voices of Silence*, "the wonderful (like the sacrosanct, of which it often seems to be an annex) belongs to the 'Other World'—a world that is sometimes comforting and sometimes terrifying, but always quite unlike the real world" (*VS*, 514). Granted, creating a wonder is not the exclusive privilege of the marvelous, which is merely a genre. Yet in its childish naivete, this genre freed from the plausible indeed appeals to the same faculty of wonderment that great works stimulate as if their potential for causing the experience of stridency remained intact across time and place. So, the absurd raptor lodged in works, the cousin of the one that engorges us, lets out its shrieking call to the unheard-of. Presence of another world? "Not necessarily an infernal or paradisiac one and not only an afterworld, but a present beyond" (*S*, 7). The exemplary oxymoron that art constitutes: it practices the incision of an inaudible presence into well-heard presence. The time of this inaudible presence does not endure; its space does not expand; its beveled whistling cuts at our coordinates. Inchoative, imperfective, its action is precarious, says Malraux. That action is not *owed*: it wants to be begged for—and with no guarantees.

Just because each person, with regard to his putatively own voice, may experience an inaudible presence, it doesn't follow that each person is an artist. It follows that each person could be and that each may at least be accessible to the stri-

lecteurs et regardeurs, se cache en vérité un agrégat d'insectes convulsivement cramponnés à «leur» signe. Que les humains lucides qui abritent ces bêtes aient ou non une mémoire, est de peu d'importance. Les monuments et les mémorialistes vont à la fosse, comme le reste. Seul résiste à la mort qu'est la vie l'exister larvaire, le fait, halluciné en un spasme, émerveillé, émerveillant, d'être rien, contresigné par un je qui n'est pas moi.

En renforçant cet aspect de séparation, le «style» et la «situation» de Max Jacob transmettent à l'œuvre sensible la force de stupeur que dégage l'instant-limite. C'est pourquoi le «sentiment de création» admet pour paradigme «l'émerveillement inquiet de l'enfant, sur la plage, devant la coquille qui commence à bouger».

«Le merveilleux, lit-on encore dans *Les Voix du silence*, le merveilleux comme le sacré dont il semble être le domaine mineur, appartient au Tout-Autre, à un monde parfois consolant et parfois terrible, mais d'abord différent du réel.» Faire merveille n'appartient certes pas en privilège au merveilleux, qui n'est qu'un genre. Dans sa naïveté enfantine pourtant, ce genre affranchi du vraisemblable en appelle bien à la même faculté d'émerveillement que les grandes œuvres aiguisent, comme si leur potentiel de stridence à faire éprouver restait intact à travers temps et lieux. Alors l'absurde rapace logé en elles, cousin de celui qui nous engorge, jette son cri d'appel à l'inouï. Présence d'un autre monde? «Pas nécessairement infernal ou paradisiaque, pas seulement monde d'après la mort: un au-delà présent.» Exemplaire oxymore qu'est l'art: il s'exerce à inciser dans la présence bien entendue une présence inaudible. Le temps de celle-ci ne dure pas, son espace ne s'étend pas, son sifflement de biseau coupe à nos coordonnées. Inchoative, imperfective, son action, dit Malraux, est précaire: n'est pas *due*, veut qu'on la prie, sans garantie.

De ce que chacun, sur le cas de sa voix supposée propre, puisse éprouver une présence inaudible, il ne suit pas que chacun est artiste. Il suit que chacun pourrait l'être, et qu'il peut du moins être toujours accessible à la stridence dont les œuvres vi-

dency by which artworks vibrate similarly to one's throat. But art and writing demand, in addition, that the excess be begged and wanted. Demand, that is, that the unacceptable deprivation that this excess foments be accepted, its enigma researched and probed; that the means for evoking the other timbre be scrutinized on the masterworks; that their techniques be first assimilated, then rejected into the all-too-well-heard; and that the masterworks, in their turn, be exceeded in favor of a more acute hearing by a poetic gesture without precedent.

Never may this gesture be expressive. On principle extreme stridency has no expression in the code of the auditory system. It is thus with great pain, with great joy, both of which we say are rending: they rend and the wound that they inflict remains gaping, mute. Expressing them is limited to idiotic stupor. Something else would be needed to impart to others what agony they cause. A mask in which their silence can resonate. Style is needed. "The mosaics of Byzantium do not portray tortures, nor the best Aztec sculptures massacres. The ghastliness of even the most violent Spanish *Crucifixions* is fundamentally different from wanton cruelty. Always, however brutal an age may actually have been, its style transmits its music only; our Museum without Walls is the song of history, not its news-reel" (*VS*, 624). Style invents forms for capturing the unheard-of.

"Song," "music" of history: flung about in this manner, such words may be misleading. Immediate correction: "the history of art is the history of genius, but it should actually be the history of release" (*VS*, 623). Does this mean a history emancipated from the world of history? a music and a song freed from sensible and sentimental expressivity? Of course not: the artwork never gets clear of anything, never exceeds its subjection to the world. It is a first step beyond, the beginning of an entry into the desert: the exodus out of the sensual Egypt is not and must not be accomplished. Style relentlessly works, undoing and reshaping its material in order to snatch it from the spiral of the sensible, to subvert and offer it up to the call of the unheard-of. Yet style firmly maintains sounds, words, colors, all

brent à l'instar de sa gorge. Mais l'art, l'écriture exigent en outre que l'excédence soit suppliée et voulue. C'est-à-dire: accepté le dénuement inacceptable qu'elle suscite, recherchée et sondée son énigme, les moyens d'évoquer l'autre timbre scrutés sur les œuvres des maîtres, leurs techniques assimilées d'abord, puis rejetées dans le bien entendu, et excédées à leur tour, à la faveur d'une écoute plus aiguë, par un geste poétique sans précédent.

Jamais celui-ci ne peut être expressif. La stridence extrême n'a, par principe, pas d'expression dans le code du système auditif. Il en est ainsi des grandes douleurs, des grandes joies, que nous disons déchirantes: elles déchirent, et la plaie qu'elles infligent reste à béer, muette. A la stupeur imbécile se borne leur expression. Il leur faudrait quelque chose d'autre pour propager l'élancement, un masque où leur silence pourrait résonner, il faut le style. «Les mosaïques de Byzance n'en expriment pas les tortures, les plus belles sculptures de la civilisation aztèque n'en expriment pas les massacres. L'horreur des crucifix les plus espagnols est fondamentalement différente d'un supplice. Si atroce que soit un temps, son style n'en transmet jamais que la musique. Le musée imaginaire est le chant de l'histoire, il n'en est pas l'illustration.» Le style invente des formes pour attraper l'inouï.

«Chant», «musique» de l'histoire, ces mots jetés à la volée peuvent tromper. Aussitôt corrigés: «L'histoire de l'art entière, quand elle est celle du génie, devrait être une histoire de la délivrance.» Est-ce à dire une histoire émancipée du monde de l'histoire, une musique et un chant affranchis des expressivités sensibles et sentimentales? Mais non, l'œuvre ne franchit pas, n'outrepasse jamais sa sujétion au monde, elle est un premier pas au-delà, le début d'une entrée au désert: l'exode hors de l'Égypte des sens n'est pas et ne doit pas être accompli. Sans répit, le style travaille, défait et refait le matériau pour l'arracher à l'enchaînement du sensible, le subvertir et l'offrir à l'appel de l'inouï. Mais les sons, les mots, les couleurs, tous les timbres dont il compose l'œuvre, le style les maintient fermement dans leur élément matériel, et les formes qu'il leur invente et qu'il

the timbres from which it composes the artwork within their material element. And the forms that it invents for them and which it imposes on reality will not be emancipated from reality: to it they *promise* escape.

Tintoretto's "chalks" serve as example of this equivocal, undecidable, uncertain existence. In the background of a panel at San Rocco, shadow and light court each other in a nearly formless network, in knots of filamentous seaweed from which emanate vapors of silhouettes busily chattering in the distance around Christ's baptism. Similarly, in the background of *Saint Augustine Healing the Plague-Stricken* or the foreground of the *Flagellation*, the presence of witnesses that "now seem drawn in chalk" shows through, suspended in an agitation of limbs, streaking the space with foamy specters. "They are drawn in color chalk and it is the deep stridency . . . and not the palms or the nudes of his Venetian manner that convince us of Tintoretto's genius" (*VS*, 444).

Further on in the *Voices of Silence* one reads that the painter was "forever listening in to a celestial screeching heard by him alone" (*VS*, 446). The subdued fog of the "chalks" or the semblances of chalk seize something of the piercing blare emitted by a blackened cosmos. "In their illness, believers appeal to God; agnostics to the absurd." Appeal and are appealed to. The metaphysical status of the absolute of which anguish suffers changes according to the name it gives to it. Whence the varieties of aspect in "creation" that the great triptych regroups and distributes according to three titles: the Supernatural, the Unreal, the Intemporal.[45] But whether goddess, *star*, or abyss, the Strix screeches so shrilly that the resolution of a challenge rises in the flesh that it flogs to death. The chalk of Tintoretto, the believer, transports this challenge to an agnostic Malraux's sense of hearing. Art is beyond faith and the adhesion of faith. Painting is not for seeing; it demands this listening: the eye listens to something beyond the harmonious music of the visible. Through the *punctum* that Barthes's *Camera Lucida* isolates in the photograph of the mother, the passing stridency shatters

impose à la réalité ne seront pas émancipées de celle-ci: elles lui *promettent* l'évasion. Les «craies» du Tintoret valent exemple de cette existence équivoque, indécidée, aléatoire. Dans le fond d'un panneau de San Rocco, l'ombre et la lumière s'entreprennent en lacis presque informes, en nœuds d'algues filamenteuses d'où émanent des vapeurs de silhouettes affairées à papoter de loin autour du baptême du Christ. De même, à l'arrière-plan du *Saint Augustin apparaissant aux lépreux* ou sur le devant de la *Flagellation*, la présence des témoins «qu'on dirait dessinés à la craie», transparaît, suspendue dans une agitation de limbes, qui zèbre l'espace de spectres d'écume. «Leur craie est de couleur, et c'est sa stridence profonde . . . , et non les palmes ou les nus "vénitiens", qui nous convainc du génie de Tintoret.»

Le peintre était, lit-on plus loin dans *Les Voix du silence*, «toujours à l'écoute d'un hululement divin, qu'il entendait seul». Les «craies» ou les semblants de craie, captent au vol, dans leur humble brouillard, quelque chose du barrissement criard que pousse le cosmos dans le noir. «La maladie des croyants appelle Dieu, et celle des agnostiques l'absurde.» Appelle et s'appelle. L'absolu dont l'angoisse est malade change de statut métaphysique selon le nom qu'elle lui donne. De là des variétés d'aspect dans la «création», que le grand triptyque regroupe et distribue sous trois titres: le Surnaturel, l'Irréel, l'Intemporel. Mais déesse, star ou abîme, la Strix hulule si aigu que dans la chair qu'elle fouaille à crever, s'érige la résolution d'un défi. La craie du Tintoret croyant porte ce défi à l'ouïe du Malraux agnostique. L'art passe la foi et l'adhésion de la foi. La peinture n'est pas à voir, elle exige cette écoute, l'œil écoute par-delà les musiques harmonieuses du visible. Par le *punctum* que *La Chambre claire* de Barthes isole sur la photo de la mère, la stridence qui passe brise l'âme du fils, mais elle lève aussi l'écriture d'un petit livre de rien dont l'acuité singulière nous laisse transpercés.

Le hululement de Dieu ou de rien, le Tintoret l'entend, le sous-entend ou le sur-entend tout au bout de sa solitude, du

the son's soul.[46] Yet it also raises the writing of a silly little book whose singular intensity leaves us transfixed.

Tintoretto hears the screeching of God or of nothing. He hears it, underhears it or overhears it in the depths of his solitude, his separation. And that is why his painting transmits its inaudible rasp. Surreptitiously, art propagates the tinnitus of the unheard-of. Just as we are lovers or brothers through fusion of airtight throats, the artwork places absolute solitudes in communion with each other and with the stridulation of the cosmos. Bataille names this myriad sharing among writers, artists, readers, connoisseurs "communication"—a communication in which the unshared that exceeds and eclipses each individual passes in transit. As different as they may be, the two thinkers agree on the same paralogism: separation is transitive, without mediation or interlocution.

This being said, Bataille and others following him are tempted to derive the project of an "authentic" community from fusional community—yet another modern illusion that redundancy soon sweeps up and tips into the grave pit for reproduction. According to Malraux, no institution can be established on the strange epidemic of the inaudible. The anonymous gang of art and literature lovers, of creators and connoisseurs remains in rags, a bunch of bandits, awestruck. The unheard-of comes and goes at random, filtering through in such or such work. Even in the museum without walls no work is assured of encountering the ear that agrees to undergo the ordeal of stridency. Singularities fuse only to the extent that they cannot exchange or hear each other.[47] No dialectic can pick out the multiplicity in unity.

Poematics lends itself neither to politics nor to ethics. No consideration for others in "creation." To whom does writing speak? is an inane question. With words, with "physical" sentients, something like empty tracheæ are created in which silence might stir. No one is guardian, or accountable, or responsible. No more than a cat is when it leaps and scratches at the passing anecdote, or slips away.

fond de la séparation. Et c'est pourquoi sa peinture en transmet la crécelle inaudible. L'art propage à la dérobée le tintement de l'inouï. Comme nous sommes amants ou fraternels par fusion de gorges étanches, de même l'œuvre d'art met en communion des solitudes absolues, les unes avec les autres, et avec la stridulation du cosmos. Bataille nomme «communication» ce partage à plusieurs, entre les écrivains, les artistes, les lecteurs et les amateurs, où transite l'impartagé qui excède et éclipse chacun. Si différents qu'ils soient, les deux penseurs conviennent au même paralogisme: que la séparation est transitive, sans médiation, sans interlocution.

Cela dit, Bataille, et d'autres après lui, sont tentés de tirer de la communion fusionnelle le projet d'une communauté «authentique». Illusion moderne encore, que la redite a bientôt fait de balayer et de basculer dans la fosse, pour reproduction. Selon Malraux, aucune institution ne peut s'établir sur l'étrange épidémie de l'inaudible. La bande anonyme des amants de l'art et de la littérature, créateurs, amateurs, reste en loques, brigade de bandits interloqués. L'inouï va et vient, aléatoire, perçant dans telle ou telle œuvre. Même dans le musée imaginaire, aucune œuvre n'est assurée de rencontrer l'oreille qui consente au supplice de la stridence. Les singularités ne fusionnent qu'autant qu'elles ne peuvent pas s'échanger ni s'entendre. L'universel est au prix de la séparation. Aucune dialectique ne peut relever le multiple dans l'unité.

Poématique ne prête pas à politique ni à éthique. Aucune considération pour les autres dans la «création». A qui s'adresse l'écriture est une question inane. On fait avec des mots, avec des sensibles «physiques», des sortes de trachées vides où le silence peut-être vibrera. Personne n'en est dépositaire, comptable, ni responsable. Pas plus qu'un chat ne l'est de bondir, de griffer l'anecdote qui passe, de s'éclipser.

Comme les chats, les artefacts sont des masques. Le style excave l'audible à sa limite, y façonne une caissette singulière, susceptible de cueillir des vibrations que le tympan refuse. Les œuvres plaquent sur le sensible bien entendu le sortilège de ca-

Like cats, artifacts are masks. Style excavates the audible at its limit and fashions a singular little case in which the vibrations that the eardrum refuses just might be harnessed. Onto the well-heard sentient, artworks tack the spell of deceitful cavities in which the shriek that exceeds hearing just might resonate. Aphonic, perhaps, or diaphonic, the *beyond* touches these throats for an instant but only inasmuch as they have been masked, inasmuch as a mold molded over nothingness opens the soundproof room of their concavity lying in wait for that which is almost unheard. The outer appearance, the artwork's facies, seems to doom it to simulation, dissimulation, lying. But its empty inside allows the mask to pick up the truth—nothingness—in the form of strident apparitions.

vités artificieuses où le cri excédant l'ouïe trouvera, sait-on, une résonance. Aphone peut-être ou diaphone, l'au-delà pour un instant touche ces gorges, mais seulement autant qu'on les a masquées, qu'un moule moulé sur rien ouvre la chambre sourde de leur concavité à l'affût de ce qu'on n'entend presque pas.

L'apparence extérieure, le faciès de l'œuvre, semble la vouer à simuler, à cacher, à mentir, mais par son dedans vide, il arrive que le masque capte la vérité, le rien, en apparitions stridentes.

Translator's Notes

1. I address this notion of belatedness in *Afterwords*:

> *Après-coup*, the French nominal translation of *Nachträglichkeit*, from the adverbial *après coup*, meaning, roughly, "after the fact," carries a sense of residual regret, of helplessness before some definitive belatedness. (Rousseau, in his *Confessions*, for example, writes ruefully of "words that I only thought of *après coup*.") Lyotard's attempts . . . to bring *Nachträglichkeit* to bear on his lifelong explorations between aesthetics and ethics should not cause us to infer that the regret dwelling insidiously in *après coup* contaminated his thought with the unspoken belief in an irrevocable separation between *after* and *before*. The afterclap of deferred action (the conventional English term for *Nachträglichkeit*) is as *actualizing* as it is unexpected: the effect of its occurrence has the power to bring *before* back, albeit in altered form.

Robert Harvey, "Afterword," in Robert Harvey, ed., *Afterwords: Essays in Memory of Jean-François Lyotard* (Stony Brook, N.Y.: Humanities Institute [Occasional Papers, 1], 2000), p. 89.

2. The entire final paragraph of "Une saison en enfer" reads: "Que parlais-je de main amie! Un bel avantage, c'est que je puis rire des vieilles amours mensongères, et frapper de honte ces couples menteurs,—j'ai vu l'enfer des femmes là-bas;—et il me sera loisible de posséder la vérité dans une âme et dans un corps." [What was I saying about a friendly hand! One great advantage is that I can laugh at the old false loves, and smite with shame those deceitful couples—I have seen the hell of women down there;—and it will be permissible for me *to possess truth in one soul and one body*.] Arthur Rimbaud, "Une saison en enfer" ("Adieu") [April–August 1873], in Rolland de Renéville and Jules Moquet, eds., *Œuvres complètes* (Paris: Gallimard [Bibliothèque de la Pléiade, 68], 1963), p. 244; translated as "A Season in

Hell" by Enid Rhodes Peschel, in *A Season in Hell; The Illuminations* (New York: Oxford University Press, 1973), p. 105.

3. Paul Valéry, "La Crise de l'esprit," in Jean Hytier, ed., *Œuvres*, (Paris: Gallimard [Bibliothèque de la Pléiade, 127], 1957), 1:988–1014. "La Crise de l'esprit" is one of Valéry's "essais quasi politiques."

4. Oswald Spengler, *Der Untergang des Abendlandes* (München: Beck, 1915–20); translated as *The Decline of the West* by Charles Francis Atkinson (New York: Knopf, 1926–28).

5. Friedrich Nietzsche, *Die frölische Wissenschaft* [1887]; translated as *The Gay Science* by Walter Kaufman (New York: Vintage Books, 1974), §125, p. 181.

6. Teste is the enigmatic alter ego of the author in Paul Valéry's *La Soirée avec Monsieur Teste*, composed of fragments published in augmenting installments from 1896 to 1946. Teste is the imaginary witness (from the Latin, *testis*) of an intellectual purity that is as inaccessible as it is obsessive.

7. On Malraux's "L'expédition d'Ispahan" see Jean-François Lyotard, *Signed, Malraux*, tr. Robert Harvey (Minneapolis: University of Minnesota Press, 1999), p. 139. The Saigon daily on which Malraux collaborated was *L'Indochine*, later renamed *L'Indochine enchaînée*. *Farfelu* is one of Malraux's favorite words. The adjective, which he restored from obscurity to fairly widespread usage, means whimsical, eccentric, bizarre, fanciful. Used nominally, it designates a sort of quixotic adventurer.

8. *Marianne* (1933).

9. This is an allusion to Malraux's *Antimémoires*, later augmented as *Le Miroir des limbes* (see Cited Works by André Malraux).

10. Franz Kafka, "Josephine, die Sängerin" [1924]; translated as "Josephine the Singer, or, the Mouse People" by Clement Greenberg, *Partisan Review* 110 (May–June 1942): 213–28.

11. Theodor W. Adorno, *Jargon der Eigentlichkeit: zur deutschen Ideologie* (Frankfurt am Main: Suhrkamp, 1964); translated as *The Jargon of Authenticity* by Knut Tarnowski and Frederic Will (Evanston, Ill.: Northwestern University Press, 1973), p. 157.

12. The "psychology of art" refers to four essays that Malraux published originally in the journal *Verve* between 1937 and 1940, then fused together, expanded, and reshuffled into three volumes under the general title *La Psychologie de l'art*, published by Skira following the war.

13. Where "elle" refers to *language* and "lui" to *the narrator*, "elle

ne lui reviet pas" translates idiomatically as "He doesn't like the looks of it."

14. Georges Bernanos, *L'Imposture* (Paris: Plon, 1927); translated as *The Imposter* by J. S. Whitehouse (Lincoln: University of Nebraska Press, 1999). Georges Bernanos, *Sous le soleil de Satan* (Paris: Plon, 1926); translated as *The Star of Satan* by Pamela Morris (New York: Macmillan, 1940).

15. Thomas Mann, *Die Entstehung des Doktor Faustus* (Frankfurt am Main: S. Fischer, 1976); translated as *Doktor Faustus: The Life of the Great Composer, Adrian Leverkuhn, As Told by a Friend* by H. T. Lowe-Porter (New York: A. A. Knopf, 1948), then as *Doktor Faustus* by John F. Woods (New York: Knopf, 1997).

16. Cf. Georges Bataille, *La Littérature et le Mal* (Paris: Gallimard, 1957); translated as *Literature and Evil* by Alastair Hamilton (London: Marion Boyars, 1973).

17. Cf. Georges Bataille, *L'Expérience intérieure* (Paris: Gallimard, 1943; 2d ed. 1954) translated as *Inner Experience* by Leslie Anne Boldt (Albany: State University of New York Press, 1988).

18. English translations of *suppôt*, a term found frequently in the works of Pierre Klossowski and, later, used by Lyotard in such works as *Économie libidinale*, are characteristically inconsistent. The Latin, *suppositum*, meaning an individual that is substance or subject, best conserves the link to ancient and medieval philosophy.

19. In my translation of Lyotard's *Signed, Malraux* (see note 7) I suggested "the redundant one" for *la redite* with the following explanation: "The feminine noun, *redite*, derives from the past participle of *dire* (to say) to literally mean that which is said again. This repetition specific to voiced language provides Lyotard with an incisive allegory to represent Malraux's peculiar way of feeling the recurrence of death in his personal experience of life. *Redite* connotes not only some word, some phrase or thought that is reiterated or 'rerun,' but also palpable uselessness or superfluity in repetition." Jean-François Lyotard, *Signed, Malraux*, p. 307, n. 2.

20. Cf., e.g., Georges Bataille, "Sacrifices," in *Œuvres complètes*, (Paris: Gallimard, 1970), 1:92.

21. Lyotard includes this comma. Without it, the title would translate better as "I does it," where "I" is thought in scare quotes. With the comma, even, this alternate title still resonates.

22. A variant of the quote Lyotard has here is the following epigraph to "D'une jeunesse européenne": "Le plus haut objet d'une

civilisation affinée, c'est une attentive inculture du Moi" [The highest purpose of a refined civilization consists of an attentive inculture of the ego](*JE*, 131).

23. Max Jacob, *Le Cornet à dés* [1917] (Paris: Stock, 1923); translated as *The Dice Cup* by John Ashbery, David Ball, Michael Brownstein, Ron Padgett, Zack Rogow, and Bill Zavatsky (New York: SUN, 1979). All quotes attributed to Jacob in the text are from the Ashbery et al. translation.

24. Gaëtan Picon, *Malraux par lui-même, avec des annotations d'André Malraux* (Paris: Seuil, 1953), p. 60.

25. Guillaume Apollinaire, *Le Peintre cubiste* (1913).

26. This is a paraphrase of the following remark: "If, as it has been affirmed, the novelist created in order to express himself, things would be simpler. But you know I believe that, like all artists, he expresses himself in order to create" (Picon, 58).

27. See Georges Braque, *Cahier de Georges Braque* (Paris: Maeght [Carnets de voyage], 1994).

28. Cf. Jean-Luc Nancy, *The Birth to Presence*, tr. Brian Holmes et al. (Stanford, Calif.: Stanford University Press, 1993). For a discussion of Nancy's term see François Raffoul's preface to Jean-Luc Nancy, *The Gravity of Thought* (Atlantic Highlands, N.J.: Humanities Press, 1997) (translation of *Le Poids d'une pensée* [Sainte-Foy, Qué: Le Griffon d'argile, 1991] by François Raffoul and Gregory Recco).

29. André Malraux, *Lunes de papier* (*OC*, 1:1–25)

30. Cf. note 9.

31. *Une mêlée* is a free-for-all in the sense that two adversaries "mix it up." Making war, quarreling [*une démêlée*] are also virtual or present in this passage.

32. See note 12.

33. André Malraux, preface to Andrée Viollis, *SOS Indochine* (Paris: Gallimard, 1935), p. viii.

34. *Sierra de Teruel* (*L'Espoir*) (1945), dir. André Malraux and Boris Peskin.

35. René de Chateaubriand, *La Vie de Rancé* [1844].

36. Kassner is the protagonist in Malraux's *Days of Wrath*; Ch'en and Kyo are of course characters in *Man's Fate*.

37. Ferral, Clappique, and Hemmelrich are further characters in *Man's Fate*.

38. The quote is probably somewhere in Flaubert's correspondence.

39. Sigmund Freud, *Zeitgemässes über Krieg und Tod* [1915]; trans-

lated as *Reflections on War and Death* [also known as *Thoughts for the Time on War and Death*] by A. A. Brill and Alfred B. Kuttner (New York: Moffat, Yard, 1918).

40. "Nacht ist auch eine Sonne": Friedrich Nietzsche, "Das Nachtwandler-Leid," in *Also sprach Zarathustra: Ein Buch für Alle und Keinen* [1883–85] (Berlin: Walter de Gruyter, 1968), p. 398; translated as "la nuit est aussi un Soleil" by Maurice de Gandillac in "Le Chant du marcheur de nuit," in *Ainsi parlait Zarathoustra* (Paris: Gallimard, 1971), p. 387; translated as *Thus Spoke Zarathustra* by R. J. Hollingdale (New York: Penguin, 1961, 1969), pt. 4, "The Intoxicated Song" §10, p. 331. Walter Kaufman's translation is "midnight too is noon" ("The Drunken Song") in *The Portable Nietzsche* (New York: Viking Press, 1968), p. 435. Bataille quotes Nietzsche's phrase, "La nuit est aussi un soleil," as initial epigraph to *L'Expérience intérieure*.

41. André Malraux, *Le Démon de l'absolu*, in *Œuvres complètes* (Paris: Gallimard [Bibliothèque de la Pléiade, 425], 1996, pp. 819–1301.

42. Antonin Artaud, "Pour en finir avec le jugement de Dieu" [1947], in *Œuvres complètes*, (Paris: Gallimard, 1974), 13:67–118; translated as "To Have Done with the Judgment of God" by Clayton Eshlemen, in *Watchfiends & Rack Screams: Works from the Final Period* (Boston: Exact Change, 1995), pp. 281–307. André Malraux, "Transfert des cendres de Jean Moulin au Panthéon," in *Œuvres complètes*, 3:948–55.

43. *Nous ne nous entendons pas* means both "we don't get along" and "we don't hear each other."

44. The translator of *Lazarus* explains in a note that "Nénette and Rintintin were the names given in France to little mascot dolls popular in the twenties."

45. *Le Surnaturel, L'Irréel,* and *L'Intemporel* are the successive titles of the three volumes making up Malraux's *La Métamorphose des dieux* (Paris: Gallimard, 1974–77), in which he continues the work begun in *Les Voix du silence* of expounding his intuitions concerning esthetics, which he illustrates richly with mostly black-and-white reproductions of artworks.

46. Roland Barthes, *Chambre claire: Notes sur la photographie* (Paris: Cahiers du cinéma, 1980); translated as *Camera Lucida: Reflections on Photography* by Richard Howard (New York: Hill and Wang, 1981).

47. Cf. note 42.

Cited Works by André Malraux

Antimémoires. Paris: Gallimard, 1967. In *Miroir des limbes*, 1–510. Translated as *Anti-Memoirs* by Terence Kilmartin. New York: Holt, Rinehart, and Winston, 1968.

La Condition humaine [1933]. In *Œuvres complètes*, 1:509–761. Translated as *Man's Fate* by Haakon M. Chevalier [1934]. New York: Random House, 1961.

Le Démon de l'absolu. In *Œuvres complètes*, 2:819–1301.

"D'une jeunesse européenne". In *Écrits par André Chanson [sic], André Malraux, Jean Grenier, Henri Petit, suivis de Trois Poèmes de J.-P. Jouve*, 129–53. Paris: Bernard Grasset (Les Cahiers verts), 1927.

L'Espoir [1937]. In *Œuvres complètes*, 2:1–433. Translated as *Man's Hope* by Stuart Gilbert and Alastair Macdonald. New York: Random House, 1938.

Lazare [1974]. In *Miroir des limbes*, 835–932. Translated by Terence Kilmartin as *Lazarus*. New York: Holt, Rinehart, and Winston, 1977.

Lunes en papier [1921]. In *Œuvres complètes*, 1:1–25.

Le Miroir des limbes. Paris: Gallimard (Bibliothèque de la Pléiade, 263), 1976.

Les Noyers de l'Altenburg [1948]. In *Œuvres complètes*, 2:617–767. Translated as *The Walnut Trees of Altenburg* by A. W. Fielding. Chicago: University of Chicago Press, 1952, 1992.

Œuvres complètes, 3 vols. Paris: Gallimard (Bibliothèque de la Pléiade, 70, 425, 263), 1989 [1], 1996 [2 and 3].

Oraisons funèbres. Paris: Gallimard, 1971. In *Miroir des limbes*, 951–1011.

Le Surnaturel. La Métamorphose des dieux, vol. 1. Paris: Gallimard, 1977.

Le Temps du mépris [1935]. In *Œuvres complètes*, 1:773–838. Translated as *Days of Wrath* by Haakon M. Chevalier. New York: Random House, 1936.

La Tentation de l'Occident [1926]. In *Œuvres complètes*, 1:57–114. Translated as *The Temptation of the West* by Robert Hollander. New York: Random House, 1961.

Le Triangle noir. Paris: Gallimard, 1970.

La Voie royale [1930]. In *Œuvres complètes*, 1:369–507. Translated as *The Royal Way* by Stuart Gilbert. New York: Harrison Smith and Robert Haas, 1935.

Les Voix du silence. Paris: Gallimard (La Galerie de la Pléiade), 1951. Translated as *The Voices of Silence* by Stuart Gilbert. Garden City, N.Y.: Doubleday, 1953.

Cultural Memory | *in the Present*

Jean-François Lyotard, *Soundproof Room: Malraux's Anti-Aesthetics*

Jan Patocka, *Plato and Europe*

Hubert Damisch, *Skyline: The Narcissistic City*

Isabel Hoving, *In Praise of New Travelers: Reading Caribbean Migrant Women Writers*

Richard Rand, *Futures: Of Jacques Derrida*

William Rasch, *Niklas Luhmann's Modernity: The Paradoxes of System Differentiation*

Jacques Derrida and Anne Dufourmantelle, *Of Hospitality*

Jean-François Lyotard, *The Confession of Augustine*

Kaja Silverman, *World Spectators*

Samuel Weber, *Institution and Interpretation*, second edition

Jeffrey S. Librett, *The Rhetoric of Cultural Dialogue: Jews and Germans in the Epoch of Emancipation*

Ulrich Baer, *Remnants of Song: Trauma and the Experience of Modernity in Charles Baudelaire and Paul Celan*

Samuel C. Wheeler III, *Deconstruction as Analytic Philosophy*

David S. Ferris, *Silent Urns: Romanticism, Hellenism, Modernity*

Rodolphe Gasché, *Of Minimal Things: Studies on the Notion of Relation*

Sarah Winter, *Freud and the Institution of Psychoanalytic Knowledge*

Samuel Weber, *The Legend of Freud*, second edition

Aris Fioretos, ed., *The Solid Letter: Readings of Friedrich Hölderlin*

J. Hillis Miller / Manuel Asensi, *Black Holes / J. Hillis Miller; or, Boustrophedonic Reading*

Miryam Sas, *Fault Lines: Cultural Memory and Japanese Surrealism*

Peter Schwenger, *Fantasm and Fiction: On Textual Envisioning*

Didier Maleuvre, *Museum Memories: History, Technology, Art*

Jacques Derrida, *Monolingualism of the Other; or, The Prosthesis of Origin*

Andrew Baruch Wachtel, *Making a Nation, Breaking a Nation: Literature and Cultural Politics in Yugoslavia*

Niklas Luhmann, *Love as Passion: The Codification of Intimacy*

Mieke Bal, ed., *The Practice of Cultural Analysis: Exposing Interdisciplinary Interpretation*

Jacques Derrida and Gianni Vattimo, eds., *Religion*